Les femmes
la nourriture et Dieu

Catalogage avant publication de Bibliothèque et Archives nationales du Québec et Bibliothèque et Archives Canada

Roth, Geneen

Les femmes, la nourriture et Dieu: mangez, changez vos pensées et atteignez votre poids santé

Traduction de: Women, food and God.

ISBN 978-2-89225-730-4

1. Alimentation – Comportement compulsif – Aspect psychologique. 2. Habitudes alimentaires – Aspect psychologique. 3. Obésité – Aspect psychologique. I. Titre.

RC552.C65R6714 2011   616.85'260019   C2010-942745-9

Adresse municipale:
Les éditions Un monde différent
3905, rue Isabelle, bureau 101
Brossard (Québec), Canada
J4Y 2R2
Tél.: 450 656-2660 ou 1 800 443-2582
Téléc.: 450 659-9328
Site Internet: www.umd.ca
Courriel: info@umd.ca

Adresse postale:
Les éditions Un monde différent
C. P. 51546
Succ. Galeries Taschereau
Greenfield Park (Québec)
J4V 3N8

Cet ouvrage a été publié en langue anglaise sous le titre original:
WOMEN, FOOD AND GOD: AN UNEXPECTED PATH TO ALMOST EVERYTHING
Published by SCRIBNER, a division of Simon & Schuster, Inc.
1230 Avenue of the Americas
New York, NY 10020
www.simonandschuster.com

Dépôts légaux: 1er trimestre 2011
Bibliothèque nationale du Québec
Bibliothèque nationale du Canada
Bibliothèque nationale de France

Conception graphique de la couverture:
OLIVIER LASSER et AMÉLIE BARRETTE

Version française:
CHRISTINE SHEITOYAN

Photocomposition et mise en pages:
ANDRÉA JOSEPH [pagexpress@videotron.ca]

Typographie: Minion 13 sur 15 pts (CS5)

ISBN 978-2-89225-730-4

(Édition originale: ISBN 978-1-4265-4307-7 First Scribner hardcover Edition, New York)

Nous reconnaissons l'aide financière du gouvernement du Canada par l'entremise du Fonds du livre du Canada (FLC) pour nos activités d'édition.

Gouvernement du Québec – Programme de crédit d'impôt pour l'édition de livres – Gestion SODEC.

Gouvernement du Québec – Programme d'aide à l'édition de la SODEC.

IMPRIMÉ AU CANADA

GENEEN ROTH

Les femmes
la nourriture et Dieu

**Mangez, changez vos pensées
et atteignez votre poids santé**

UN MONDE ⚤ DIFFÉRENT

À toutes celles et ceux qui sont désespérés
de ne pas trouver de solutions.

Et à mes étudiantes de retraite dont
les témoignages en chair et en en os prouvent
que ces solutions existent.

Ce livre vous est dédié.

Table des matières

PROLOGUE : L'univers est dans notre assiette 13

PREMIÈRE PARTIE
LES PRINCIPES

CHAPITRE UN : À propos de Dieu 39

CHAPITRE DEUX : Mettre fin à la guerre 47

CHAPITRE TROIS : Ne jamais sous-estimer
l'instinct de fuite 59

CHAPITRE QUATRE : Le surpoids n'est pas
le problème, même s'il constitue un problème 77

CHAPITRE CINQ : Par-delà les blessures 95

CHAPITRE SIX : Réapprendre à voir la beauté 111

DEUXIÈME PARTIE
LA MÉTHODE

CHAPITRE SEPT : Des tigres plein la tête.................. 125

CHAPITRE HUIT : La mariée de l'émerveillement......149

CHAPITRE NEUF : Une respiration à la fois.............. 165

CHAPITRE DIX : Le GPS de la zone nébuleuse.......... 175

TROISIÈME PARTIE
L'ALIMENTATION

CHAPITRE ONZE : Le plaisir n'est pas pour
tout le monde 197

CHAPITRE DOUZE : Si l'amour pouvait parler........... 217

CHAPITRE TREIZE : Être une coupe glacée
au chocolat chaud 231

CHAPITRE QUATORZE : Le cri du cœur :
«Ah! merde alors!» 245

ÉPILOGUE : Les derniers mots................................263

Remerciements...273

ANNEXES
La vérification des sensations 279
Les règles de l'alimentation 284

PROLOGUE

L'univers est dans notre assiette

Il est midi. Formant un cercle, 80 femmes affamées sont assises, tenant chacune un bol de *gaspacho*. Elles me dévisagent d'un air furieux. C'est leur troisième jour de retraite durant laquelle elles doivent méditer sur leurs habitudes alimentaires. Tour à tour, elles se sont approchées du buffet où on les a servies, puis sont retournées s'asseoir ; elles ont dû attendre que toutes soient revenues à leur place avant de toucher à leur assiette. Quand la nourriture est votre principale dépendance, la lenteur de l'opération (15 longues minutes environ) peut devenir angoissante.

Même si la retraite se déroule sans incident majeur, même si certaines participantes ont appris des révélations importantes qui changeront le cours de leurs vies, cela ne compte plus. Oubliées les prises de conscience, oubliés les 50 kilos à perdre, oubliée la preuve de l'existence de Dieu. Tout ce qui compte, c'est leur bouffe, point final. Elles voudraient bien me voir disparaître du décor avec ma théorie farfelue sur les rapports entre la compulsion alimentaire et la spiritualité.

C'est une chose de méditer sur la nourriture, c'en est une autre de demeurer immobile dans une salle à manger en se retenant d'avaler une seule petite bouchée tant que le groupe entier n'a pas été servi. J'ai aussi demandé que l'on garde le silence afin d'éviter le bavardage et les fous rires qui détournent l'attention de la faim, ou de son absence, puisque certaines d'entre elles ont ce problème.

Depuis les trois dernières décennies, j'ai développé une philosophie sur laquelle cette retraite se base : notre relation avec la nourriture est la réplique, à une plus petite échelle, de notre relation avec la vie elle-même. Je crois que notre existence reflète fidèlement nos convictions les plus profondes. Nos croyances sur l'amour, la peur, le changement ou Dieu se traduisent dans notre manière de manger, la fréquence et le choix de nos aliments. Quand on se bourre de petits moules au chocolat et au beurre d'arachides *Reese* par gourmandise, on veut peut-être ainsi manifester au monde entier ses sentiments d'espoir ou de désespoir, de foi ou de doute, d'amour ou de peur.

Si nous désirons découvrir l'origine de nos croyances sur la vie et la vie après la mort, non pas sur le plan intellectuel ni sur le plan argumentatif, mais plutôt sur le plan spirituel, il suffit de regarder ce qui se trouve dans notre assiette. La présence divine est partout : Dieu se trouve aussi dans nos muffins, nos frites et notre soupe aux tomates. Dieu, peu importe comment nous le définissons, se tient là, au milieu de notre assiette.

C'est la raison pour laquelle ces 80 femmes forment un cercle devant moi en tenant leur bol de *gaspacho*. Mon regard parcourt la salle : on a accroché aux murs des photographies de fleurs en gros plan qui représentent des dahlias rouges au cœur enchevêtré, les contours dorés d'une rose blanche. Un bouquet de glaïeuls de couleur pêche trône fièrement sur une petite table, dans un coin. Puis je commence à observer le visage de mes étudiantes. Marjorie, une psychologue dans la cinquantaine, joue avec sa cuillère en évitant mon regard.

Patricia, une gymnaste de 20 ans, porte des collants noirs et un débardeur jaune citron sur son corps frêle. Assise sur un coussin, elle ressemble à un oiseau d'origami de par sa délicatesse et sa posture très droite. Dans son assiette traînent quelques choux de Bruxelles et un peu de salade, c'est tout. À ma droite, Anna, une chirurgienne de la ville de Mexico, se mord la lèvre d'impatience en frappant le bord de son assiette avec sa fourchette. Elle a pris trois tranches de pain et de gros carrés de beurre, un peu de salade, pas de soupe ni de légumes. Sa nourriture semble exprimer ce message : « Va te faire foutre, Geneen. Tu ne m'auras pas à ce jeu grotesque.

Dès que j'en aurai la chance, tu vas me voir m'em-piffrer. »

Je lui fais un signe de la tête qui signifie : « Oui, je sais combien c'est difficile de se calmer. » Je regarde rapidement le reste de la salle, les visages, les assiettes. Le climat est lourd de résistance. Et puisque je suis responsable des règles en vigueur, il est normal que je devienne aussi la cible de leur colère. Se placer entre une personne et sa nourriture, c'est comme se tenir devant un TGV. Vouloir mettre un terme à un comportement compulsif n'est pas la meilleure façon de s'attirer des applaudissements.

« Est-ce que quelqu'un voudrait s'exprimer avant que nous commencions ? »

Silence.

« Alors, nous allons bénir cette nourriture et tout ce qui lui a donné la vie. Bénissons la pluie, le soleil, les gens qui ont cultivé, transporté et préparé ces aliments pour nous. »

Amanda, assise à ma droite, inspire profondément durant la prière. Plus loin, Zoé hoche la tête, comme pour dire : « Vive la terre, le soleil, la pluie. Je suis heureuse qu'ils existent. »

Même si ce ne sont pas toutes les femmes qui participent au bénédicité, rares sont celles qui prennent une seconde de plus avant de manger. Louisa, dans sa tenue de sport rouge, soupire et lance un imperceptible grognement : « Ah ! pour l'amour de Dieu. Pouvons-nous s'il vous pel…aaaîît en finir avec ça!» Elle me fusille du regard. Humainement, bien sûr, et sans m'infliger de douleur, mais tout de même!

«Prenez le temps, maintenant, d'observer ce que vous avez déposé dans votre assiette, dis-je. Demandez-vous si vous ressentiez la faim lorsque vous avez choisi cette nourriture. Si vous ne sentiez aucune faim dans votre corps, peut-être éprouviez-vous une autre sorte de faim?

«Ensuite, en regardant votre assiette, choisissez ce que vous désirez manger en premier et prenez-en quelques bouchées. Remarquez les sensations que la nourriture provoque dans votre bouche. Goûte-t-elle ce que vous aviez imaginé? Est-ce l'effet que vous aviez anticipé?»

Trois, puis quatre minutes s'écoulent dans une cacophonie d'ustensiles et de mâchoires en action: bruits de mastication, de déglutition, de cliquetis d'ustensiles. Je remarque Izzy, d'origine française, dont la silhouette fragile fait 1,90 m; elle regarde par la fenêtre. Elle semble avoir totalement oublié que nous mangeons, contrairement à la plupart des autres qui tiennent leurs assiettes près de la bouche afin de se gaver plus vite.

Laurie, jeune cadre dans la mi-trentaine, employée par une société de prêts hypothécaires de Boston, lève la main. «Je n'ai pas faim, mais je veux manger. Je tiens à manger de toute manière.»

– Et pourquoi ?

– Parce que c'est appétissant et c'est ce que nous faisons ici et maintenant. C'est ce qu'il y a de plus agréable à faire. Qu'y a-t-il de mal à prendre plaisir à manger ?

– Absolument aucun. Il est bon de manger et de se sentir satisfait. Mais si vous avez besoin d'être satisfaite et que vous n'avez pas faim, la nourriture n'est peut-être pas la réponse permanente à votre besoin. Pourquoi ne pas vouloir répondre directement au besoin ressenti ?

– C'est trop difficile de faire face à ce besoin, c'est trop souffrant. Et puis c'est sans fin. Alors, il vaut mieux manger que de se plonger dans une souffrance sans fin.

– En conclusion, vous croyez que ce qu'il y a de meilleur pour vous dans la vie, c'est du *gaspacho* ? »

Sa voix devient tremblotante. « C'est le seul plaisir que je peux vivre, et ce n'est pas demain la veille que je vais m'en priver. » Une larme ruisselle sur sa joue et atterrit sur sa lèvre supérieure. Plusieurs semblent approuver. Une vague de murmures parcourt le cercle.

Laurie continue : « Ce que nous faisons ici, attendre en silence jusqu'à ce que tout le monde soit servi, me rappelle les dîners dans ma famille. Ma mère buvait un coup de trop, mon père était furieux et personne ne parlait. C'était horrible.

– Et que ressentiez-vous alors ?

– Je me sentais seule, misérable. J'avais l'impression d'être née dans la mauvaise famille. Je voulais m'évader, mais il n'y avait nulle part où aller. Je me sentais prise au piège. Comme maintenant. Comme si vous étiez toutes folles. Oui, je me sens prisonnière, ici, avec une bande de cinglées. »

D'autres acquiescent de la tête en guise d'approbation. Encore plus de murmures s'élèvent. Une Australienne me dévisage d'un air de défi. Ses longs cheveux noirs touchent son bol de soupe. J'imagine qu'elle doit penser comme Laurie et voudrait qu'on la conduise au plus vite à l'aéroport.

Au cœur même de cette blessure, exprimée ici et maintenant par ces mots : « *J'ai été abandonnée, trahie par ceux-là mêmes qui étaient importants pour moi et tout ce qu'il me reste est la satisfaction de manger* » – réside précisément ce lien entre Dieu et la nourriture. Il marque ce moment où nous avons renoncé à notre pouvoir de changer, de croire et de vivre. Là se trouve l'empreinte de notre peur : la peur de vivre nos émotions. Ce faisant, nous menons une vie restreinte, sèche et insipide.

Dans cet état d'isolement, il n'y a qu'un pas pour conclure que Dieu, la source de bonté, de guérison et d'amour, nous a abandonnés et trahis lui aussi. Un Dieu qui devient, en quelque sorte, la version surnaturelle de nos parents. Confronté aux sentiments de désespoir, de cynisme, de

découragement et de colère de la part des participantes, notre personnel de la maison de retraite fait
appel à la curiosité, à la gentillesse et à l'écoute active
plutôt que d'utiliser la force de la volonté ou encore
l'adhésion à une nouvelle religion.

Je demande à Laurie si elle permet à cette partie
d'elle-même qui se sent seule, piégée, de venir ici.

Elle répond qu'elle ne peut pas. Tout ce qu'elle
veut, c'est manger.

Est-ce qu'elle accepterait de considérer ma
demande comme n'ayant aucun lien avec la nourriture?

Elle refuse ma suggestion et se contente de jeter
un regard menaçant en ma direction. Un regard qui
semble dire : « Mêle-toi de tes affaires. Fous le camp !
Pas intéressée. » Ses yeux se plissent, sa bouche
devient tendue.

L'atmosphère de la salle est à peine respirable.
Personne ne bouge. En attendant la suite, tous les
regards se fixent sur Laurie et sur moi.

« Je me demande, dis-je, pourquoi insistes-tu
autant pour m'éloigner de toi ? On dirait qu'il y a
chez toi une tendance à t'isoler et peut-être même à
te détruire. »

Elle dépose la cuillère qu'elle tenait suspendue
dans les airs et me fixe.

« As-tu renoncé ? »

Voilà une question risquée qui conduit au cœur même du désespoir. Je la pose malgré tout, car depuis trois jours Laurie est en conflit avec moi. Je m'inquiète de la voir quitter la retraite encore prostrée dans cette attitude d'évitement rigide. « Quand as-tu décidé de ne plus croire en rien ? »

Elle respire brusquement et demeure silencieuse durant quelques minutes.

Je jette un coup d'œil sur les participantes. Suzanne, mère de 3 jeunes enfants, s'est mise à pleurer. Victoria, psychiatre du Michigan, observe attentivement la scène.

« Je veux mourir depuis que j'ai 10 ans, murmure Laurie.

– Peux-tu demander à la jeune fille de 10 ans de nous rejoindre ? À cette jeune fille qui ne voyait aucune solution à son problème ? Laisse monter en toi très doucement la douleur qu'elle a ressentie. »

Laurie hoche la tête. « Je crois que je peux », ajoute-t-elle calmement.

Mon but n'est pas qu'elle console son « enfant intérieur ». Je ne crois pas au concept de l'enfant intérieur. Je pense plutôt qu'il existe en nous des expériences figées, des souvenirs encore douloureux, qui doivent être reconnus et accueillis afin qu'on puisse se mettre en relation avec les parties saines, qui ont échappé à la douleur, la souffrance ou à la faim. Même si le travail accompli durant ces retraites prend des allures thérapeutiques, il ne s'agit pas de thérapie.

Contrairement à la thérapie, on ne vise pas à rehausser l'estime de soi blessée dans les expériences passées, mais plutôt à découvrir ce qui se cache au-delà de l'estime de soi, la partie qui n'a pas été touchée par les expériences passées. Le système de défense de notre personnalité inclut le rapport émotionnel lié à la nourriture et se connecte directement à notre spiritualité. Ce système de défense représente en quelque sorte les jalons placés sur la route qui mène à soi.

Laurie constate : « J'ignore ce qui s'est passé, mais je n'ai plus envie de manger cette soupe. »

J'acquiesce : « On dirait qu'il y a quelque chose de meilleur encore que la nourriture qui s'est présenté à ta conscience : le fait de toucher ce qui est invulnérable et la découverte viscérale que tu es plus forte que la douleur. »

Elle hoche la tête en souriant pour la première fois depuis son arrivée. « La vie ne me semble plus si difficile maintenant. Le fait d'exprimer tout haut ma peine lorsque j'avais 10 ans me permet de voir la situation autrement, de façon moins dramatique. Peut-être que je suis plus capable maintenant de sentir la tristesse immense de cette fillette de 10 ans sans me sentir aspirée en elle. Cela fait du bien. »

Le simple fait d'avoir abordé sa douleur sans être anéantie la soulage. Elle se rend compte que rien n'est perdu, ni désespéré ni condamné à jamais. J'approuve et lui demande si elle désire poursuivre. Elle conclut : « Je crois que ça suffit pour le moment ! »

Je reviens aux participantes, leur demande de reprendre leurs ustensiles et d'avaler quelques bouchées supplémentaires en remarquant les aliments qu'elles ont choisis, leurs sensations gustatives et leurs émotions.

Après quelques minutes, Nell, une habituée de ces séances depuis 7 ans, lève la main : « Je n'ai plus faim, mais je réalise tout à coup que j'ai peur de laisser de la nourriture dans mon assiette.

– Comment cela ?

– Parce que... » Et les larmes se mettent à couler : « ... parce que je réalise que je ne suis pas déprimée... et que tu seras en colère contre moi si tu t'en aperçois.

– Pourquoi serais-je en colère contre toi ?

– Parce que tu verrais qui je suis vraiment et que cela ne te plairait pas.

– Qu'est-ce que je devrais voir ?

– De la vitalité. Beaucoup d'énergie. De la détermination. De la force.

– C'est formidable ! dis-je. Et pourquoi cela ne me plairait-il pas ?

– Parce que je n'aurais plus besoin de toi. Et tu te sentirais menacée par cela.

– À qui penses-tu ? À quelqu'un qui s'est déjà sentie menacée par le fait que tu es magnifique ? »

Nell éclate de rire. « Salut, m'man », répond-elle.

Une vague de rire déferle sur le groupe.

« Elle était tellement dépressive, ajoute Nell. Quand j'étais moi-même, c'était trop pour elle ! J'ai dû lui cacher mes ambitions, mes rêves. Il fallait que j'aie l'air aussi déprimée qu'elle. Sinon elle m'aurait rejetée. Et cela, je n'aurais pas pu le supporter.

– Que se passe-t-il dans ton corps, Nell ?

– J'ai l'impression, tout à coup, d'être une fontaine multicolore. C'est comme si je devenais un prisme de couleurs vives qui répand sur ma poitrine, mes bras, mes jambes… des reflets rouges, verts, dorés et noirs.

– D'accord, arrêtons-nous ici un instant… »

J'observe ce qui se passe dans le groupe. Anna, qui voulait m'envoyer me faire foutre, pleure. Camille, qui affichait son ennui depuis le début de la retraite, semble grandement fascinée par ce qui arrive. L'attention du groupe est rivée sur ce que Nell a dit sur le besoin d'être déprimée. Elles comprennent très bien cette conviction selon laquelle on sera aimée si on est continuellement malade et déprimée.

Je me tourne vers Nell. : « Lorsque tu laisses la vie t'offrir ses cadeaux, tu découvres que ce n'est jamais, jamais ce que tu avais imaginé. Et en l'espace de trois minutes, tu es passée de la peur à ce sentiment d'être une fontaine...»

Nell répond : «J'ai l'impression que cet espace calme et paisible en moi attendait que j'y revienne. Comme si cet état d'esprit avait été là durant toute ma vie, que c'est ma vraie nature.» Puis elle se lève, parcourt la salle du regard, tasse sa chaise de côté et s'écrie : «Écoutez ça, les filles : JE NE SUIS PAS DÉPRIMÉE!!!!»

Une salve de rires. Puis elle continue : «Je suis étonnée par mon changement. Au début, j'ai dû faire face à mon problème de nourriture. Il fallait que j'arrête de manger pour me consoler, sinon je me sentais trop détraquée, et je n'avais pas le temps pour ces machins choses spirituels. Puis, quand ma rage de manger s'est calmée, il fallait que je laisse ce sentiment de déprime monter en moi. Ce n'était pas facile. C'est là qu'il m'a fallu croire en ce que tu disais, Geneen, que ma résistance à la douleur était encore pire que la douleur elle-même. Mais je sens maintenant que je ne suis pas déprimée, je peux à peine l'expliquer. C'est comme si j'étais une parcelle de perfection. La bonté n'est pas seulement réservée aux autres, mais aussi à moi. Je *suis* la bonté.»

Nous approchions du début de la prochaine séance dans la salle de méditation. Je demandai aux participantes d'observer le niveau de leur sensation de faim et de noter, sur une échelle de 1 à 10, leur état de faim ou de satiété. Je leur demandai ensuite de manger selon cette évaluation. «Nous nous rencontrons dans une demi-heure à la salle de méditation», dis-je en quittant mon siège.

Une femme me rejoint au moment où je quitte la salle. Marie attrape ma main et me dit: «J'aimerais dire quelque chose au groupe. Puis-je?»

J'approuve de la tête... me préparant à ce qui allait suivre. Marie s'était montrée sceptique depuis le début de la retraite. Elle restait assise, les bras croisés sur sa poitrine, comme si elle me disait:

«Essaie de me convaincre, ma chérie. Convaincs-moi que ta théorie sur la nourriture va plus loin que de suivre un régime.»

Elle s'opposait à chacune de mes interventions; hier, elle m'avait même avoué qu'elle regrettait d'être venue. «Ce n'est qu'un AFAC, avait-elle dit. Et j'en ai marre de ces trucs. Tout ce que je veux, c'est de perdre cette maudite graisse. Maigrir une fois pour toutes.

– Puis-je savoir ce qu'est un AFAC?

– Un Autre Foutu Atelier de Croissance», répondit-elle.

J'éclatai de rire si fort au point d'en avoir des larmes aux yeux. «Désolée! Il semble bien que les AFAC ont mauvaise presse auprès de toi. Peut-être que cette retraite va te permettre de découvrir des choses auxquelles tu n'as pas encore pensé.

– J'en doute», avait-elle répondu avant de s'éloigner d'un pas traînant, en balançant ses boucles de cheveux roux.

Et voilà que maintenant, dans la salle à manger, Marie se confie : « Je viens de réaliser que toutes nos croyances par rapport à la vie se retrouvent ici. C'est tout simple : le monde entier est dans ces assiettes.

– Ainsi soit-il, ma sœur», ajoutai-je. Avant de quitter la salle, je lui murmure à l'oreille : « Un petit bravo pour les AFAC. »

En route vers la salle de méditation, je prends de nouveau conscience que tous les ateliers auraient pu se dérouler dans la salle à manger. Je me rends compte combien nos perceptions sur la nourriture et nos habitudes alimentaires reflètent l'ensemble de nos croyances.

Dès qu'il y a un problème alimentaire, les émotions surgissent et déclenchent le souvenir incontournable de cette violence autodestructrice et de la souffrance que sous-tend toute obsession. Vient ensuite la volonté de l'accepter et de la neutraliser au lieu de s'y soumettre. Il se produit alors le paradoxe suivant : aussitôt qu'elle est totalement acceptée, la souffrance disparaît. La perte de poids se vit alors facilement et naturellement, sans douleur et sans culpabilité. C'est le retour aux sources, le retour au sacré, à la connaissance, à la vie.

C'est en 1978 que j'ai animé ma première session pour mangeurs compulsifs. Le premier jour, j'affichais moi-même un surplus de 20 kilos et, résultat d'une mésentente avec mon coiffeur qui venait de rater ma permanente, je me présentai avec des rouleaux à mise en plis sur la tête.

Quelques mois auparavant, à défaut de commettre un suicide parce que je venais de prendre 35 kilos en 2 mois, je pris la décision radicale de cesser toute diète et de manger tout ce que mon corps désirait. Depuis l'adolescence, avec les diètes yo-yo, j'avais perdu et gagné près de 500 kilos. Durant 4 ans, j'avais souffert d'une dépendance aux amphétamines, suivie pendant 2 ans, de laxatifs.

Vomir, cracher et jeûner étaient devenus des gestes quotidiens. Je connaissais toutes les diètes disponibles sur le marché : la « diète aux raisins et noix », la « diète une glace-choco-chaud par jour », celle d'Atkins, de Stillman et de Weight Watchers. J'avais été anorexique – 40 kilos durant 2 ans – même si j'avais été obèse la plupart du temps. Ma garde-robe était remplie de robes, de pantalons et de chemisiers de toutes les tailles. Pleine de répugnance et de honte envers moi-même, mon esprit vacillait entre le suicide et la diète du jour qui promettait de perdre 15 kilos en 30 jours.

Quand j'ai amorcé ma toute première séance, je mangeais déjà tout ce que mon corps désirait, et ce, depuis quelques mois. J'avais perdu quelques kilos – tout un exploit pour moi qui croyais devoir finir ma vie dans l'enfer des diètes ; et je commençais peu à peu à comprendre que ma relation avec la nourriture avait compromis tous les aspects de mon existence.

Lorsqu'elles réalisèrent que l'animatrice du groupe était – sans rire – cette grosse femme coiffée de bigoudis, les participantes résistèrent à leur envie de crier et de s'enfuir dans toutes les directions.

Chaque semaine durant 2 ans, nous nous sommes réunies. Durant les ateliers, nous explorions ensemble le rôle de la nourriture dans nos vies. Jusqu'en 1982, je travaillai avec des centaines de femmes dans le cadre de réunions hebdomadaires. La même année je publiais mon premier livre *Feeding the Hungry Heart* à partir duquel j'enseignai partout au pays : en Alaska, au Minnesota, en Floride, à New York. Ces femmes, qui juraient qu'elles avaient toujours dû cadenasser leur garde-manger, pouvaient tout à coup manger en quantités raisonnables : un bol, un morceau, une bouchée. Elles qui n'avaient jamais pu perdre un kilo se retrouvaient soudain avec des vêtements amples dont la taille était trop grande.

Quelques mois après ma décision de cesser tout régime, j'avais atteint un poids normal que je conserve depuis 30 ans. Mais bien plus que ma nouvelle taille, c'est mon sentiment de légèreté d'être qui m'emballait davantage. Même si je ne comprenais pas très bien le lien entre le fait de me faire confiance sur mon alimentation et le fait de me faire confiance pour d'autres désirs moins tangibles (me reposer, socialiser, comprendre), j'appris à comprendre presque tout à travers ma relation avec la nourriture.

Le maître Zen Shunryu Suzuki Roshi disait que l'illumination était la récompense de celui qui suit sa voie jusqu'au bout. J'ai vite compris que si je suivais jusqu'à sa source mon envie de manger, quand je n'avais pas faim, j'y trouverais tout ce que j'avais supposé sur l'amour, la manière de vivre ou de mourir. Suivre à la trace ma relation avec la nourriture résume bien comment j'ai vécu les 32 dernières années de ma vie.

~~⌒

La première retraite de 6 jours, que j'offris au printemps de 1999, devait en principe être un événement sans lendemain. Mon intention était de réunir les deux grandes passions de ma vie : mon travail sur les habitudes alimentaires et ma pratique de la méditation spirituelle. J'ai commencé à méditer en 1974, puis je me suis mise à visiter des ashrams et des monastères. J'assistais régulièrement aux cours de philosophie « Diamond Approach » ; cet enseignement non confessionnel utilise la psychologie pour établir un pont entre l'âme et la spiritualité.

Je grinçais des dents au seul nom de *Dieu*. Quant au terme *spirituel*, il évoquait en moi une vision de piété et d'austérité qui correspondait assez mal, c'est le moins qu'on puisse dire, avec ma vaste collection de tricots artisanaux et de bottes couleur miel. Je vivais encore une bonne douzaine d'épisodes névrotiques chaque jour. Mais il y avait davantage de moments de joie et de liberté qu'une grosse fille comme moi, originaire du Queens, n'aurait pu imaginer vivre. Je voulais que tous puissent avoir accès à ce que j'avais découvert, recevoir ce que j'avais reçu.

Et pourtant… ce qui se produisit me bouleversa.

Ce n'était pas tant ces histoires de boulimie, de diète ou de jeûne que j'entendais ; ce n'était pas non plus ces récits d'abus ou de traumas. J'avais déjà presque tout entendu sur le sujet. Non, j'étais bouleversée par le fait qu'après avoir travaillé tant d'années sur le comportement compulsif relié aux habitudes alimentaires, je le traitais encore comme un problème physique et psychologique. Et même s'il est indéniable qu'il relève à la fois de l'un et de l'autre, je réalisai soudain qu'il servait de portail menant à l'univers fantastique de notre réalité intérieure.

À la suite de la première retraite, les étudiantes voulurent poursuivre leurs découvertes. Elles désiraient revivre l'expérience. Cela me rappela ce voyage au cours duquel j'avais observé une éclipse solaire à Antigua. Nous étions debout, mon époux et moi, les deux pieds dans la mer, en compagnie de centaines de personnes équipées de lunettes de protection en plastique pour éviter les séquelles d'une surexposition au soleil. Nous observions la lune couvrant lentement le soleil. Nous étions muets devant ce phénomène enchanteur. Et au moment où la lumière commença à revenir, une personne du groupe cria à la lune : « Encore. Recommence encore. »

Mes participantes et moi jouissions d'un avantage sur la lune : nous pouvions recommencer, et c'est ce que nous faisons… jusqu'à aujourd'hui.

Au fil de ces retraites, j'ai appris que chacun de nous possède son interprétation sur l'existence de Dieu que nous faisons intervenir quotidiennement dans nos rapports avec la famille, les amis, la nourriture. Il importe peu de croire en un seul Dieu, en plusieurs dieux ou en rien du tout. Tout être qui respire, pense et vit possède nécessairement des croyances à propos de Dieu. C'est durant le maternage que l'humain apprend son premier modèle de comportement préverbal. À l'aube d'une existence nouvelle, il peut se sentir accepté ou rejeté, aimé ou abandonné. C'est pourquoi plusieurs d'entre nous ont opéré une fusion de leur première expérience avec leur mère avec leur conception de Dieu.

Que nous soyons ou non conscients de ces premières expériences préverbales n'altère pas cette vérité : quelles que soient nos réactions quotidiennes, de nature futile (comme être pris dans un bouchon de circulation) ou sublime (être confronté à la mort d'un être cher) elles expriment toujours nos croyances les plus intimes.

Si vous désirez connaître vos croyances, observez attentivement vos actions et vos réactions lorsque vous constatez que les choses ne se passent pas comme prévu. Regardez ce que vous faites de votre temps, de votre argent. Et observez attentivement votre manière de vous alimenter.

Vous découvrirez vite alors, si vous percevez le monde comme un endroit hostile, qu'il vous faut toujours contrôler votre univers immédiat pour vous sentir en sécurité. Vous vous apercevrez aussi que vous adoptez des comportements de survie en accumulant plus que nécessaire parce que vous avez l'impression que l'insuffisance règne partout. Vous pourrez également observer votre attitude face à la paix intérieure : si vous la trouvez intolérable, ou encore si le fait d'être seul est synonyme d'isolement.

Vous reconnaîtrez, entre autres, si le fait de vivre vos émotions vous menace de destruction ; si le fait d'être vulnérable n'est que pour les faibles ou encore si le fait d'aimer constitue une grosse gaffe. Enfin, vous pourrez constater clairement comment la nourriture vous sert à exprimer chacune de ces croyances profondes.

Les retraites se tiennent maintenant deux fois l'an. Et plusieurs de ces étudiantes de la première heure reviennent, même après avoir réglé leur relation douloureuse face à la nourriture et à la perte de poids. Elles reviennent pour se retrouver – comme elles disent – en elles-mêmes, comme à la maison.

Les introductions (et, dans le cas présent, le prologue) informent en général sur le contenu du livre, le public à qui il s'adresse et vous expliquent pourquoi vous devriez le lire. Je suis mal placée pour répondre à ces questions. Cependant, il me semble que chaque être humain doit faire face à des défis en ce qui concerne la nourriture, ce qui justifie, au départ, une bonne raison pour lire cet ouvrage. J'ajouterais que si vous désirez savoir pourquoi vous avez du mal à cesser de manger, si vous utilisez la nourriture sous une forme ou une autre pour vous débarrasser de vos dépendances, de vos émotions inconfortables, de vos croyances menant au dénigrement de soi, ce livre est pour vous.

Si vous vous servez de la nourriture comme d'un moyen d'obtenir davantage de paix infinie, de sanctification et de bien-être dans votre corps, votre esprit et votre cœur, alors vous devriez lire ce livre. Il s'adresse à ceux-là aussi qui ont déjà voulu connaître le sens de leur vie ou ont déjà senti, un jour, que Dieu les avait abandonnés.

Je crois que je viens de parler de tous les humains, non?

Probablement. Mais comme je l'affirmais auparavant, je ne suis pas vraiment objective ici, puisque j'ai consacré les deux tiers de ma vie à être fascinée par l'ascendant de notre relation avec la nourriture et de ses répercussions.

Vous trouverez donc, dans ce livre, la presque totalité de mes connaissances sur la manière d'utiliser la nourriture comme d'un passage menant à la libération : la libération de la souffrance, la démystification de la perte de poids et la présence lumineuse de cet être que tant de personnes nomment Dieu.

PREMIÈRE PARTIE

LES PRINCIPES

CHAPITRE UN

~

À propos de Dieu

Je me suis précipitée sur les petits gâteaux Boules de neige la même année où j'ai délaissé Dieu.

J'avais 11 ans. Je priais tous les soirs pour obtenir des cheveux plus épais, avoir un amoureux, mais surtout pour que cessent les querelles entre mes parents. Au bout d'une année, rien n'avait changé.

Tout ce que je connaissais de Dieu me provenait grâce à deux sources: d'abord par le film *Les Dix Commandements,* mettant en vedette Charlton Heston, et ensuite par mon amie Janey Delahunty qui lui écrivait des lettres durant ses cours de sciences sociales. Après avoir vu ce que Dieu avait fait aux Égyptiens, j'étais persuadée qu'Il pouvait donner à mes parents une ou deux leçons sur la paix familiale.

Inspirée par Janey qui affirmait que Dieu lisait ses lettres et répondait à ses prières, je commençai à prier moi aussi, mais ne pus me résoudre à lui écrire.

Quelques années plus tard, j'ai lu les mots d'un enfant dans le recueil *Lettres d'enfants à Dieu*: «Cher Dieu, j'aime ma famille, mais je me demande si vous avez essayé d'autres personnes avant de m'envoyer dans ce foyer.» (Il s'agit ici d'une paraphrase).

Je n'aimais pas prier. Je détestais me mettre à genoux pour parler dans le vide. Cela ressemblait trop à mendier un amour que je savais d'avance impossible. Quand mes prières demeuraient sans réponse, j'avais honte de croire que le salut était pour moi. J'étais persuadée que Dieu pouvait apercevoir au fond de mes cellules quelque chose d'impardonnable : je me retrouvais donc livrée à moi-même.

À 11 ans, j'avais les nerfs à vif, comme si ma simple présence à cette table familiale en formica rouge déclenchait la haine entre mes parents et la violence de leur relation. Ils se lançaient des objets, quittaient la maison pendant des heures ou des jours. Ma mère ressemblait à une Sophia Loren aux cheveux oxygénés, mon frère semblait sorti tout droit de la série *Les aventures de Beaver*, quant à moi, j'avais une face de lune encadrée par des cheveux raides et mes chevilles aussi épaisses que les pattes d'un piano. Même Robert Grady, qui sentait les chaussettes sales, ne m'aurait pas invitée à danser avec lui à la fête de fin d'année, en sixième.

Puis, la nourriture fit son entrée dans ma vie.

La seule vue d'une pâtisserie Boule de neige transformait la grisaille du monde en une féerie de couleurs. La boule de guimauve moelleuse et immaculée, saupoudrée de noix de coco, cachait en son centre le gâteau au chocolat. Et puis, oh oui! ce nuage de glaçage à la vanille. Tout le temps que j'ingurgitais ces petites Boules de neige, je m'imaginais avec des cheveux frisés, des jambes aussi longues que celles de Madi Isaacs. Et mes parents se regardaient avec adoration durant nos pique-niques au lac George où nous mangions des sandwiches sans croûtes aux œufs durs.

Je me suis tournée vers la nourriture pour la même raison que d'autres se tournent vers Dieu: la promesse d'une extase, la quête d'un paradis, la preuve concrète qu'il est possible de mettre fin à la souffrance du quotidien.

Puis, il ne restait plus que des miettes.

Je me retrouvais devant les sacs de cellophane vides, des morceaux de noix de coco coincés entre les dents. J'en arrivais à me convaincre que si mes parents ne se tenaient pas par la main lors de défilés, c'était parce que j'étais grosse. Je me suis mise à la diète l'année même où j'ai commencé mes crises de boulimie. Suivre un régime me donnait un but dans la vie. Ma boulimie me soulageait de mes tentatives acharnées de vouloir être quelqu'un d'autre.

Durant une vingtaine d'années, toutes mes souffrances – le mariage raté de mes parents, la mort de mon ami Sheldon, ma face de lune – trouvaient un soulagement dans ma relation avec la nourriture. Mes excès représentaient une manière de me punir et de m'apitoyer sur mon sort. Chaque gain de poids, chaque échec à la suite d'une diète renforçait ma peur la plus profonde : celle d'être une personne pathétique, condamnée, ne méritant pas de vivre. J'aurais pu exprimer ce désarroi dans la consommation de médicaments, dans des vols à l'étalage ou dans l'alcool, mais j'ai choisi le chocolat.

Suivre une diète, c'était comme prier. C'était un appel plaintif à quiconque était à l'écoute : *Je sais que je suis grosse. Je sais que je suis laide. Je sais que je manque de discipline, mais voyez à quel point je fais des efforts. Voyez à quel point je me fais violence pour me limiter, me priver, me punir. Il doit sûrement exister une récompense pour les personnes qui savent à quel point elles sont affreuses.*

Parce que la diète et la boulimie devenaient précisément l'expression majeure de mon désespoir, dès que je cessais ces deux comportements, les conséquences devenaient dramatiques. Quand je prenais la décision d'arrêter ma diète, j'avais l'impression de commettre une hérésie, de rompre un vœu perpétuel. C'était comme si j'affirmais : « Tu avais tort, Dieu. Tu avais tort, maman. Je mérite d'être sauvée. » En décidant, en quelque sorte, de mettre un terme à mes pensées dégradantes, un changement intérieur et inimaginable se produisit : je ressentis la présence de la beauté, la conscience de la bienveillance et la certitude absolue que ma place était ici.

Je n'avais pas de nom pour cette voix intérieure. Je ne croyais pas en Dieu ni aux expériences mystiques, mais il était indéniable, par contre, que j'étais en train de vivre une expérience avec une réalité sans nom qui dépassait mon esprit, mon enfance et mes croyances sur le bien et le mal. Même aujourd'hui, la seule explication que je peux donner sur ce phénomène est que ma souffrance avait atteint le fond du désespoir : ou j'allais me tuer ou ma conscience allait subir une transformation radicale. Je réalise que pour beaucoup d'êtres humains, la souffrance ne mène pas nécessairement à la révélation. Pourquoi, dans mon cas, cela s'est-il produit ? Je l'ignore.

Cette expérience initiatique fut suivie d'années de remises en question sur mes vieilles croyances, d'années d'explorations spirituelle et scientifique qui me menèrent vers une meilleure compréhension de cette présence que la plupart des gens appellent Dieu. Mais ce fut la souffrance de ma relation avec la nourriture qui fut l'élément déclencheur.

Je ne crois pas en ce Dieu aux longs cheveux blancs et au regard perçant qui favorise certaines personnes, certains pays, certaines religions et pas les autres. Je crois encore moins que ce Dieu vit au paradis, est omniscient et exauce les prières. Mais je crois à l'existence d'un monde derrière les apparences, d'un monde inaccessible à nos sens, d'un monde impossible à connaître simplement par la vision. Je crois aussi, pour l'avoir vécu plusieurs fois, que le monde au-delà des apparences est aussi réel qu'une chaise, un chien ou une théière.

Je crois également en l'amour. Et en la beauté. Je crois que toute personne peut trouver une chose à aimer vraiment, une chose qu'elle trouve belle. L'odeur des cheveux d'un enfant, le silence d'une forêt, le sourire en coin d'un amant. Son pays, sa religion, sa famille. Je crois aussi que si vous retracez cet amour du début à la fin, en capturant ce que vous aimez le plus, en commençant par les choses les plus belles comme l'odeur originale de son essence, vous percevrez alors une présence intangible, un apaisement de l'âme qui vous permettront de voir ce que vous aimez, exactement comme les nuages qui, en se dissipant, révèlent la présence de la lune.

Je ne crois pas en ce Dieu que la plupart des gens appellent Dieu. Mais je sais, en revanche, que la seule définition sensée de Dieu est celle qui utilise cette vie humaine avec toutes ses souffrances, précisément celles que nous voudrions cacher ou changer, pour en faire le sentier qui mène au cœur de l'amour. Voilà pourquoi la relation avec la nourriture devient un portail privilégié.

Je me rends bien compte que certaines personnes ont horreur du mot *Dieu*, le trouvant explosif et source de divisions, alors que d'autres nourrissent une relation satisfaisante profonde avec Dieu. J'utilise ce terme dans mon livre, car il évoque un espace inconnu par le mental, même si nous *pouvons* le vivre dans le silence, à travers la poésie ou simplement en éprouvant un sentiment d'éternité.

Associer Dieu à la nourriture peut choquer votre esprit – ils sont aussi éloignés l'un de l'autre que le titane l'est du poney rouge écarlate –, et en même temps vos croyances et vos connaissances sur la nourriture et sur Dieu pourraient disparaître. Et au cœur du vide qui en résulterait, vous pourriez découvrir l'essentiel de cette expérience directe que j'ai vécue. Vous comprendriez alors que la relation avec la nourriture est un sentier royal menant à soi après une vie d'exil. Le soi : peut-être est-ce le sens réel du mot Dieu.

~

CHAPITRE DEUX

Mettre fin à la guerre

Au premier matin de la retraite, je dis à mes étudiantes qu'une des grandes bénédictions de leur vie est leur relation avec la nourriture. Elles me regardent sceptiques, mais cette simple idée leur semble si attrayante qu'elles sont disposées à me prêter attention. Je continue en précisant que nous n'allons pas régler leur relation avec la nourriture, mais plutôt nous attarder sur leurs problèmes pour voir ce qui s'y cache. Au lieu de manger pour se réconforter, elles vont apprendre à tolérer ce qu'elles considèrent comme intolérable.

Elles se regardent, affichent une mine renfrognée, chuchotent entre elles.

Pourquoi une personne saine d'esprit devrait-elle croire que tolérer l'intolérable est une entreprise louable ?

Le chaos n'est pas loin.

Puisque cela semble la seule chose à faire, je leur raconte mes combats, mes souffrances et ma descente aux enfers. Au cours des dernières décennies, j'ai découvert que les récits personnels horribles, distillés aux moments hostiles et tendus servent à dissoudre l'amertume dans le groupe. Je leur ai décrit mes années au cours desquelles j'ai gagné et perdu 500 kilos. Je me suis détestée au point de vouloir me suicider.

Puis, j'enchaîne sur ma décision de cesser tout régime et de bouffer tout ce que je veux.

J'ai raconté cette histoire pendant bien plus d'années que je ne l'avais vécue. Cependant, j'ai compris seulement récemment que le changement radical dans ma vie n'a pas été ma décision de cesser un régime, mais bien celle de renoncer à me changer. J'ai cessé de me battre contre moi-même, de blâmer ma mère, mon dernier petit ami et moi-même pour mon surplus de poids.

Et puisque la plupart des régimes étaient des tentatives flagrantes de me changer, je les ai cessés également. Désormais, je ne m'en faisais plus si j'avais engraissé au point de ne pouvoir enfiler qu'une robe d'été en plein mois de novembre. J'avais atteint mon seuil de tolérance et décidé qu'il me restait deux choix : cesser mon régime ou me tuer.

~~~⌒

La plupart de mes étudiantes ne peuvent imaginer un monde dans lequel elles cesseraient de suivre un régime ou d'essayer de changer la taille de leurs cuisses. Il leur est plus facile d'imaginer des gens revenir d'entre les morts ou Brad Pitt les demander en mariage que de mettre fin à la guerre contre leurs corps. Elles ont bâti des amitiés sur la compassion, l'apitoiement, les 10 kilos qu'elles ont à perdre, les jeans trop serrés et le dernier régime à la mode.

La haine d'elles-mêmes les réunit. Elles essaient de toutes leurs forces et sans relâche de perdre les 10, 25, 40 derniers kilos sans jamais réussir. L'échec constant est la condition nécessaire si elles veulent grossir les rangs. Pour être aimées, elles doivent entretenir une guerre constante contre la nourriture et leur poids corporel. Elles ressemblent à Sisyphe, personnage de la mythologie grecque, qui a été condamné à rouler éternellement un rocher jusqu'au sommet d'une montagne sans jamais y parvenir.

Tout comme Sisyphe, vous avez une tâche taillée sur mesure qui vous tient toujours occupée. Tant et aussi longtemps que vous combattez, luttez et tentez avec ardeur d'accomplir l'irréalisable, vous tenez bien votre rôle : celui d'une femme préoccupée par un problème de poids qui dépense des efforts pour devenir mince. Vous ne vous sentez ni perdue ni impuissante parce que vous êtes toujours motivée par un objectif, même si cet objectif ne peut jamais être atteint.

~~~◎

Dans une étude sur l'efficacité des régimes, réalisée à l'Université de Californie à Los Angeles (UCLA), publiée en avril 2007, les chercheurs ont constaté que l'un des meilleurs pronostics de gain pondéral était d'avoir perdu du poids en suivant un régime durant les années précédant le début de l'étude. Parmi les personnes suivies pendant moins de 2 ans, 83 % d'entre elles ont pris plus de poids que ce qu'elles avaient perdu précédemment. Une autre étude a démontré que les gens qui ont suivi une diète avaient *empiré* leur état comparativement à ceux qui n'en avaient pas suivi.

L'échec est inhérent au jeu des diètes. Il n'existe aucun moyen de jouer et de gagner.

Durant les retraites, je lis le résultat de ces études aux participantes. Je leur demande : « Si vous étiez malade et que le médecin vous suggérait un remède qui EMPIRERAIT votre condition, le prendriez-vous quand même ? » Je m'attends à ce qu'elles répondent : « Bien sûr que non. » Je m'attends à ce qu'elles se rendent compte qu'elles ont été endoctrinées par l'industrie des diètes qui empoche 60 milliards de dollars par année.

À la place, une femme me demande : « Je n'ai pas compris quand vous avez parlé de la robe d'été au mois de novembre. » Une autre hoche la tête. Les participantes, de façon générale, préfèrent être aveugles ou paralysées plutôt que de porter une robe d'été avec une bande élastique à la taille en plein mois de novembre. Si une guerre à grande échelle avec elles-mêmes est ce qu'il faut pour éviter d'être grasses, si elles ont besoin de continuer à se blâmer elles-mêmes, leurs mères ou leurs partenaires pour leur relation compulsive avec la nourriture, si leur estime de soi est de plus en plus amenuisée devant chaque échec à suivre des régimes, eh bien, tant pis ! Toute guerre comporte des dommages collatéraux, non ?

⸺◦

Les premiers jours, les participantes sont convaincues que j'ai réponse à tous leurs problèmes personnels. Elles croient qu'il existe une recette qui règlera leurs problèmes de poids. Elles n'auront ainsi qu'à corriger leurs expériences qu'elles ne peuvent pas mettre en mots : les émotions qu'elles ressentent à être elles-mêmes, à vivre leur vie particulière, avec leur famille particulière, avec leur esprit particulier.

Les émotions qu'elles éprouvent parce qu'elles souffrent du diabète insulinodépendant ou qu'elles viennent d'apprendre qu'une amie a été diagnostiquée d'un cancer du sein. Elles se rendent compte intellectuellement que perdre du poids ne guérira pas le cancer de leur amie, mais la promesse d'une perte de poids, celle qui leur permettra de vivre dans un pays magique, rendra tout le reste plus facile à gérer.

Une femme m'a dit qu'elle ne désirait pas perdre du poids, mais qu'elle voulait se sentir mince et svelte comme si elle ne portait pas d'excédent de bagages. Puis sans transition, elle m'annonça que l'amour de sa vie était mort quelques années plus tôt, et que celui qui lui avait succédé était décédé trois semaines plus tard d'une crise cardiaque. « Mais ce qui me manque le plus, dit-elle, c'est d'être élancée et svelte. C'est ce qui me manque, me manque vraiment. »

Lorsque je lui ai demandé comment elle se sentait d'avoir perdu deux personnes qu'elle aimait en si peu de temps, elle a répondu plutôt machina-lement : « On me délaisse toujours. Je suis sans cesse abandonnée.

– Toujours ? demandai-je.

– Oui, me répondit-elle, toujours. »

Quand je l'ai interrogée sur sa certitude du « toujours » et sur son sentiment d'abandon, elle a répondu : « Je ne peux pas laisser ces sentiments m'envahir. Ils vont me déchirer, m'anéantir. Je dois me concentrer pour devenir élancée et svelte. Ensuite, je serai en mesure de faire face à tout cela. »

Dans son esprit, être svelte signifie être assez forte pour faire face aux sentiments pêle-mêle qu'elle ne voulait pas ressentir : la peine d'amour, la perte, la solitude.

Si mon corps est en forme, ce qu'il n'a jamais été et ne sera probablement jamais, alors je serai capable de ressentir des émotions que je ne peux pas maintenant.

Si je me transforme de manière à ne plus être moi, alors tout ira bien. Mes sentiments seront gérables.

Une étudiante m'a confié : « Si j'arrête de vouloir être mince, je vais tellement manger que je vais devoir occuper deux sièges d'avion ou je serai tellement désorientée que je finirai comme une clocharde à mendier sur le parvis de l'église. »

Bien que je n'aie aucun doute que la prise de conscience sur le rapport entre la nourriture et les émotions conduit à une perte de poids – je l'ai vu des milliers de fois – la plupart des gens sont encore réticents à cesser les régimes et à renoncer à faire la guerre à leur corps.

Courtney E. Marti, dans la revue *The Scientist Christian Monitor*, écrit : « Plusieurs jeunes filles exemplaires ont été élevées sans éducation religieuse, et la majorité d'entre nous ont connu la "spiritualité" surtout sous la forme de services obligatoires durant leurs vacances chez leur grand-mère influente… Conjuguez le manque d'exploration spirituelle avec le développement excessif lié à l'ambition… et vous obtiendrez une génération de filles athées… dont l'éducation est largement dépourvue de connaissances sur le divin. En fait, la valeur de l'être humain, dans le monde, a toujours été liée aux apparences, et non pas au miracle étonnant de la simple existence. »

Même quand elles n'ont pas faim, les femmes se tournent vers la nourriture parce qu'elles ont faim de quelque chose qu'elles ne peuvent pas nommer : elles cherchent à se connecter à ce qui se trouve au-delà des préoccupations de la vie quotidienne. Quelque chose d'immortel, quelque chose de sacré. Mais nourrir son désir du divin avec des biscuits Oreo, c'est comme donner un verre de sable à une personne qui meurt de soif. Cela engendre plus de soif, plus de panique. L'inefficacité totale à suivre un régime, conjuguée au manque de conscience spirituelle, produit des générations de femmes enragées, affamées et dégoûtées d'elles-mêmes.

Nous sommes devenues tellement obsédées à nous débarrasser de notre obsession, à surfer au-dessus de nos souffrances et à ignorer leurs messages intrinsèques, que nous avons perdu en chemin ces parcelles de nous-mêmes qui ne demandent qu'à être retrouvées. Mais se gérer n'équivaut pas à être soi-même. L'intensité réelle de l'obsession réside dans le silence ineffable, l'irréfutable intégrité que l'on trouve en se tournant vers sa source.

∽

À l'image de notre société obsédée à la folie par les régimes, mes étudiantes répugnent à renoncer à leurs tentatives désespérées de devenir d'autres femmes. Elles sont conscientes qu'il y a un problème dans leur vie, et parce qu'elles ne correspondent pas au poids idéal, elles croient que c'est la nourriture le nœud du problème et que les régimes vont le régler. Quand je leur dis qu'elles s'attaquent à un problème qui n'existe pas, une vague d'anxiété parcourt la salle.

Elles me posent un tas de questions : « Comment pouvez-vous dire que je n'ai pas de problème quand je ne peux pas entrer dans mes vêtements ? Quand mon mari ne me touche plus parce que je suis trop grosse ? Quand je suis à bout de souffle chaque fois que je grimpe les escaliers ? Ne voyez-vous pas qu'il y a quelque chose d'horrible, de déréglé chez moi ? »

Et je réponds : « Oui, il y a quelque chose de déréglé, mais ce n'est pas en suivant un régime que vous le règlerez. » (Comme la plupart d'entre elles ont déjà été sveltes, une fois, deux fois et même des douzaines de fois, elles savent que c'est vrai, mais elles l'oublient constamment.) « À force d'essayer de rester minces, vous vous éloignez de plus en plus de la solution qui mettrait fin à vos souffrances : vous devez retrouver votre vraie personnalité, votre vraie nature, votre essence. »

Elles gardent les bras croisés, les mâchoires serrées. Les concepts d'essence, de vraie nature, d'existence attendront jusqu'à ce qu'elles soient minces.

Je poursuis : « Essayez de vous rappeler un moment de votre vie – peut-être durant votre enfance, quand la vie était simple – peut-être à votre réveil ou au cours d'une journée d'été – où vous étiez si bien.

Vous étiez si bien, non pas à cause de votre apparence ni de vos gestes, mais juste parce que votre vie suivait son cours normal. Vous étiez vous-mêmes. Quand vous étiez tristes, vous pleuriez et c'était fini. Vous aviez des pensées optimistes, positives parce que vous vous sentiez vivantes. Pourquoi ne pas retrouver ce genre de vie ? Et si votre compulsion alimentaire était votre ticket de retour ? »

~⌣

Dans son roman, *Le Patient anglais*, Michael Ondaatje écrit : « Dans le désert, un homme peut contenir le vide dans ses mains sachant qu'il existe une substance qui peut étancher sa soif plus que l'eau. Il y pousse une plante (dans le désert) dont le cœur, s'il est arraché, se remplit d'un liquide bienfaisant. Chaque jour, il est possible de boire ce liquide qui tient lieu du cœur absent. »

La compulsion alimentaire est une tentative d'éviter le vide (d'amour, de réconfort, de solution) quand on se trouve dans le désert d'un moment, d'un sentiment, d'une situation particulière. Afin de résister au vide, dans notre fuite par rapport aux émotions, nous essayons sans cesse de perdre ces mêmes kilos tout en ignorant qu'ils représentent la clef de notre changement. Par contre, quand nous accueillons l'objet de notre fuite, ce ne sont pas les souvenirs figés du passé qui remontent à la surface ni une quelconque vieille image de nous-mêmes. C'est la divinité elle-même. Et en faisant cela, nous pouvons contenir dans nos mains le vide, les anciennes blessures, la peur afin de nous concentrer sur le désert de nos cœurs.

~

CHAPITRE TROIS

Ne jamais sous-estimer l'instinct de fuite

Au printemps de 1982, je voulus, 15 heures après mon arrivée, m'enfuir de la retraite bouddhiste qui durait 10 jours. Je me retrouvai donc dans une cabine téléphonique essayant désespérément de louer un hélicoptère. Quelques années plus tôt, j'avais visité l'Inde et depuis j'étais en quête d'une pratique spirituelle qui n'avait pas comme chef de file un bonhomme aux cheveux frisés mâchant des feuilles de bétel (poivrier) et se disant l'incarnation de Dieu.

Kate, ma thérapeute, m'avait pressée de m'inscrire à cette retraite, mais elle avait oublié de me mentionner que je devais méditer 15 heures par jour – et moi j'avais oublié de poser la question. Kate avait aussi négligé de me dire que durant ces 10 jours, je ne pouvais ni échanger ni avoir de contacts visuels avec les participants.

Le type qui me répondit me demanda où j'étais.

«Au milieu du désert, dis-je. À Joshua Tree National Park.

– Il n'y a pas d'aire d'atterrissage pour hélicoptères, madame, et en plus, on parle d'un tas de dollars, de milliers de dollars.»

Je sentais que j'allais péter les plombs et on n'en était qu'au deuxième jour. La veille, dans la salle de méditation trop silencieuse à mon goût, j'aurais voulu me lever et crier: «C'est des conneries, c'est des conneries!», comme une malade atteinte du syndrome de La Tourette. Il était évident que je devais partir.

Au lieu de l'hélicoptère, j'essayai de penser à des solutions de rechange comme de faire du stop, de demander l'aumône, de marcher. Aucune n'était réalisable. Sur les 150 participants de la retraite – qui, j'en étais sûre à présent, abritait un culte de zombies bouddhistes dont le rythme méditatif était à la vitesse zéro – je ne connaissais personne.

Mon dortoir était populeux et exigu pour les bagages – 15 femmes obligées de partager une salle de bains – et malgré le précepte de non-violence, j'avais très envie d'infliger de sérieuses blessures à ma voisine de couchette qui ronflait. J'aurais aimé la tabasser avec un gros cactus.

À l'idée de passer 10 jours coincée face à moi-même, j'avais l'impression d'être enfermée dans une cellule minuscule sans sortie de secours et avec une folle.

« C'est 2 500 dollars », marmonna le type de la compagnie d'hélicos. Étant donné que je gagnais 600 dollars par mois comme cuisinière à faire des sandwiches avocado-fromage dans un resto bio de Santa Cruz, il était hors de question de m'enfuir en hélicoptère.

～◡

Le maître à penser bouddhiste Pema Chodron a écrit: « Il ne faut jamais sous-estimer l'instinct de fuite. »

Je lis cette citation à mes étudiantes, dès le premier soir de leur retraite. Elles rient. Elles se disent: « Moi? M'enfuir? Mon problème de bouffe m'a tellement déprimée que je vais tout faire – *tout* – pour en finir. »

Le premier soir, elles sont trop épuisées, à la suite de leur traversée du pays ou d'un océan, parfois deux. Mais le lendemain, elles font des plans pour retourner chez elles. Ou elles décident qu'elles s'ennuient et n'ont rien à apprendre ici. Souvent, elles se disent que bouffer par compensation n'est pas si mal après tout et se demandent si elles peuvent se faire rembourser pour partir en croisière à la place.

Je leur raconte l'histoire de l'hélicoptère. Je leur dis que le désordre alimentaire compulsif n'est pas grand-chose. Pourtant, dès que la vie devient difficile, il est un moyen de se laisser aller. Ou de refuser de voir ce qui se passe autour de soi. Le désordre alimentaire compulsif est une façon de se distancer des événements qui ne se déroulent pas comme on le désire. Je leur dis qu'en mettant fin à leur obsession de la nourriture, elles seront en mesure de rester à l'écoute du moment présent. De cesser d'établir une distance. J'ajoute qu'elles n'ont pas à choisir entre maigrir et rester vigilantes.

Maigrir, c'est facile : quand on est à l'écoute de sa faim et du signal de satisfaction, on maigrit. Mais le désordre alimentaire compulsif est fondamentalement un refus de se sentir pleinement vivantes. Peu importe notre poids, nous, les mangeuses compulsives, souffrons d'anorexie au niveau de l'âme. Nous refusons toute chose qui peut nous sustenter. Nous endurons une vie de privations. Et quand ce n'est plus supportable, nous nous jetons à corps perdu dans la bouffe. Comment est-ce possible ? Par notre simple instinct de fuite, de fuite de soi, des centaines de fois par jour.

Mais cette fuite n'empêche pas qu'une prise de conscience spontanée se produise ni la panique qui s'ensuit, car elles ne veulent pas vraiment être au centre de leur vie. C'est une chose de dire que vous voulez cesser de vous consoler avec de la bouffe. Parce que vous vous sentez misérable à propos de votre corpulence. Pour savoir ce que c'est que de se suicider à coups de « cheeseburgers » doubles et de frites.

Mais si vous ralentissiez, en vous demandant ce qui se passe actuellement quand vous voulez manger alors que vous n'avez pas faim ; si vous regardiez comment vous avalez trois muffins sans vous en rendre compte, c'est trop exiger. La fragilité imprévisible de la vie est quelque chose de difficile à accepter pour elles. C'est pourquoi à la seconde près où elles éprouvent ou ressentent ou pensent à une situation inconfortable, elles veulent renoncer à leur bonne résolution.

~⁓◡

Les moyens de fuir sont nombreux. Vous pouvez prendre la porte. Louer un hélicoptère. Fuir votre peine dans un millier d'occupations comme de distraire votre esprit, de blâmer votre mère ou quelqu'un d'autre, de déclencher une querelle, de vous comparer aux autres, de rêver à votre avenir, de vivre dans le passé, de ne jamais vous engager.

Manger.

Passer votre vie à essayer de maigrir ou à penser à maigrir.

Vous pouvez vous résigner à devoir vous battre contre la nourriture de sorte que vous n'aurez jamais à aller vérifier pourquoi. Ou vous pouvez partir à la découverte de vous-même, de relations qui ne sont plus marquées par ce scénario dramatique lié à votre désordre alimentaire.

Rester dans l'instant présent avec vos émotions, vos sensations ou vos intuitions est la première étape pour mettre fin à l'obsession alimentaire. Bien qu'en apparence, nous désirions mettre fin à l'obsession, en réalité, nous voulons la conserver plus longtemps. Ceci pour d'excellentes raisons.

La vie est remplie de situations qui vous font de la peine : veiller sur vos enfants malades, survivre à son époux ; voir vos parents vieillir, porter des couches et oublier leur nom. Par contre, l'obsession, elle, vous brise le cœur d'une façon très particulière. Elle vous conduit dans le désert. Elle crée un monde parallèle, un hologramme d'émotions, de passions, de revirements époustouflants.

Vous avez l'illusion de tout ressentir, (car vous êtes invulnérable) sans être vulnérable à quoi que ce soit. Dans votre psychodrame alimentaire compulsif, vous jouez tous les rôles : vedette, covedette, directrice et productrice. Tous les autres, y compris vos enfants, deviennent des figurants, des accessoires de carton.

Quand votre crise de boulimie se déclenche, vous êtes si obsédée par le désir de vous gaver que, par exemple, vous en oubliez votre fillette laissée seule dans la voiture, comme c'est arrivé à l'une de mes étudiantes. L'obsession est une forme de folie, oui, mais en revanche, elle masque la folie de la vie. Particulièrement quand vous êtes sur le point de vous détruire et votre milieu avec. Refuser de fuir, c'est-à-dire demeurer consciente sans se droguer par la bouffe, l'alcool, la célébrité ou le déni (comme c'est notre cas) est au-dessus de nos forces.

~~~

J'avais l'habitude de penser (bon, d'accord, cela m'arrive encore) que moins j'afficherais mes émotions, moins j'éprouverais de peine si je devais tout perdre. Si les gens que j'aime mouraient, par exemple, ou si ma vie se désorganisait. Parfois je me faisais des peurs. Parfois je souhaitais que Matt, mon mari, décède simplement et que je m'en remettrais.

Dans mes moments de régression ultime (où je voyais les événements à travers mes yeux d'enfant) je vivais entre la peur et le désir d'être l'objet d'un mauvais sort. Chaque fois que Matt sortait de la maison, je balançais entre l'inquiétude de sa mort et la conviction que si cela devait arriver, j'allais être soulagée.

Ce sont ces pensées qui en 30 ans ont évolué en obsession. Je croyais de façon inconsciente que j'étais incapable de composer, de tolérer, de résister ou de supporter les événements futurs sans tomber en mille morceaux. C'est une autre façon de dire que l'obsession organise notre vie de telle sorte que nous n'avons jamais à traiter avec les coups durs, ceux qui se produisent depuis l'enfance jusqu'à la mort.

Tout en me rendant compte que la vie n'était pas faite que de coups durs et que des personnes – comme Matt, entre autres, ne partageaient pas mon point de vue, je me disais que nous, les mangeuses compulsives, n'aurions pas cette obsession si nous étions convaincues que la vie s'endurait sans aide de la bouffe.

Le hic ici, c'est que ce n'est pas la vie du moment présent qui est intolérable parce que la peine que nous fuyons a déjà germé en nous. Nous la vivons à rebours.

～

Ce qui ne veut pas dire que le moment présent n'est pas chargé de souffrance. Chaque jour, je reçois des lettres de gens qui sont désespérés. Ce matin, j'ai reçu la lettre d'une étudiante : elle me raconte que sa mère est allée, le jeudi comme d'habitude, chez le coiffeur et que le lendemain, en pleine crise d'hallucination, elle a dû être internée dans un hôpital psychiatrique. Elle écrit : « Mon père est bouleversé. Il est marié avec maman depuis 60 ans. Et je ne sais pas comment je vais m'en sortir ! »

Dans ma réponse, je lui ai conseillé : « Donnez-vous le droit de sangloter, de soupirer, d'avoir mal comme si on écrasait votre cœur dans un étau.

Assoyez-vous avec votre père. Écoutez sa peine. Vos amis peuvent aussi vous aider. À la fin de chaque jour, vous verrez que vous êtes toujours là. Vous verrez aussi que vous allez vous sentir plus vivante que jamais, à la condition de ne pas paralyser votre corps en le gavant.

Vous allez réaliser que vos émotions, y compris la tristesse, sont différentes de ce que vous en pensiez. Il est possible de vivre autrement si vous ne vous oubliez pas. Vivre autrement signifie faire de la place à la vulnérabilité, à la tendresse et à la fragilité. Apportez des transformations à votre cadre de vie actuel en lui ajoutant des touches de nature, d'espace et de surprises.

Lorsque nous tombons en mode de survie – je ne veux pas souffrir, je n'ai pas d'émotions, j'ai trop mal, je vais mourir – nous retournons en enfance, dans des schémas passés familiers. Les enfants, particulièrement les tout-petits, transfèrent leur peine dans leur corps à la suite d'une perte, de l'abandon ou d'un abus.

Ils ne font pas de différence entre la peine physique et émotionnelle. Quand la peine est trop intense pour son système de défense, l'enfant devient psychotique ou meurt. Il est sain pour un enfant de développer des défenses qui lui permettront de survivre dans une situation physique qu'il ne peut fuir. C'est ainsi qu'il mettra ses émotions au point mort ou se tournera vers quelque chose de réconfortant. Mais si à l'âge adulte, nous croyons encore que la douleur nous tuera, c'est que nous nous voyons à travers les yeux de cet être fragile que nous étions et nous nous appuyons sur cette défense ultime que nous avons développée : la fuite. Nos obsessions expriment le désir de fuir pour ne pas vivre un éventuel abandon, car si nous restions, nous aurions mal à en mourir.

Mais la personne qui serait tuée, le « je » dans la croyance : « La douleur est grande et je suis petite », fait référence à une simple idée, à un souvenir, à une image de soi qui date de l'enfance. Vous vous sentiez déjà anéantie alors que vous étiez petite. Mais vous ne redeviendrez jamais petite. Vous ne dépendez plus de quelqu'un pour vous serrer dans ses bras, pour vous aimer afin de continuer à vivre.

Rester exige d'être consciente de votre désir de prendre la fuite, des histoires que vous vous racontez sur votre besoin de fuir. Quand vous restez, vous reconnaissez que votre désir de fuite signifie de vivre dans le passé. Vous continuez de vivre dans la peau de quelqu'un qui n'existe plus. Rester demande que vous soyez curieuse concernant votre vraie personnalité et non que vous vous preniez pour un album souvenir, ni que vous tiriez d'un fait une conséquence dans votre existence en rejouant votre vie passée, ni que vous vous preniez pour celle que votre mère ou père ou frère ou enseignant ou amoureux ne remarquait pas ni n'adorait.

Quand vous laissez vos émotions monter naturellement à la surface, sans idée préconçue, sans les retarder, sans les repousser, qui êtes-vous?

Quand vous restez, vous remettez en question pour la première fois votre vrai moi, ce moi qui n'appartient ni à votre passé, ni à vos habitudes, ni à vos compulsions. Tout devient alors possible, même de vivre une souffrance extraordinaire.

～ა

Ma peur que Matt puisse mourir quand il sort de la maison cache cette autre peur de ne pas être capable de vivre sans lui. Quand je souhaite sa mort pour en finir avec tout ça, je veux faire cesser ma douleur née de l'imagination. Aussi longtemps que je croirai que la douleur est plus forte que moi, aussi longtemps que je me définirai comme étant une personne vulnérable au point d'être anéantie, je croirai à cette image de moi-même: une personne qu'on peut anéantir.

Et quand je pense ainsi, je prends la fuite devant différentes situations en m'impliquant dans diverses activités qui altèrent mon esprit et paralysent mon corps. Quand la douleur menace de me détruire – devant une situation humaine ou un événement incontrôlable, je me renferme ou je sors de la maison. Je vis l'existence d'une autiste.

Il y a aussi autre chose qui se produit: le refus d'accepter, et par conséquent de s'engager dans la vie comme elle est. De la façon dont les choses se passent. Les gens vieillissent, tombent malades et meurent. Ou ils meurent subitement. Ou ils n'en finissent plus de mourir. Mon amie Tory est en train de mourir lentement d'un cancer des os qui la fait souffrir atrocement. Huit de mes amies sont déjà mortes d'un cancer du sein.

Les ours polaires sont en train de mourir, les abeilles, de disparaître et les océans, de s'assécher. Il y a une partie de moi qui veut être remboursée, qui veut parler : « Je n'ai pas donné mon accord sur ces choses. Je déteste la façon dont le scénario se déroule et je refuse d'y participer. »

Stephen Levine, un maître bouddhiste, affirme que l'enfer, c'est de constamment vouloir être ailleurs. Être quelque part et vouloir être ailleurs. Être constamment perturbé – synonyme de la non-acceptation – en ce qui a trait à l'inévitable. Dans une relation amoureuse, c'est refuser d'aimer en retour votre partenaire parce que vous ne voulez pas vous donner à quelqu'un que vous allez éventuellement perdre.

Vivre en enfer, c'est refuser d'aimer parce que vous désirez que le jeu se termine autrement. Que la vie soit différente de ce qu'elle est.

Il existe un autre comportement : fuir sans vraiment partir. Vouloir mourir avant votre date d'expiration. Comme si une partie de vous est tellement en colère contre l'éventualité d'être détruite par l'amour que vous vous sabotez d'avance. Quel nom porte ce type de comportement? L'obsession.

⁓

Durant les retraites, il est courant que mes étudiantes se bagarrent avec moi au sujet des lieux, de l'horaire des réunions. À mes yeux, ce comportement est la première étape de la descente aux enfers (selon la définition de Stephen). «Je suis ici mais j'aimerais être ailleurs. Il doit exister une méthode plus facile. Je veux être remboursée. Je n'aime pas les règles de ce jeu.»

Mais en réalité, voici ce qu'elles n'aiment pas: «Je n'aime pas avoir cette obsession alimentaire et je ne veux pas faire ce qu'il faut pour la transformer. Je croyais que je voulais, mais maintenant que je suis ici, j'ai changé d'idée. Je préfère suivre un autre régime, en prétextant que finalement c'est une question de volonté et de saine alimentation. Je préfère mille fois plus maigrir que de me voir telle que je suis. Que de faire l'effort d'être consciente. Que de me connaître. Que de découvrir mes croyances profondes sur la vie, l'amour et Dieu.

Le désir de quitter la retraite exprime le désir de quitter l'obsession elle-même, de prétendre que c'est un problème mineur qu'on peut régler en quelques semaines avec de légers ajustements comme faire de l'exercice et contrôler ses portions. C'est une façon de dire: «Ce n'est pas ma vie, ce n'est pas mon problème. Il n'y a rien à comprendre ici. »

Mais au fil des jours, quand le tourbillon de la retraite se calme, un événement inattendu se produit. Mes étudiantes abandonnent le combat parce qu'elles se rendent compte de l'existence d'une chose inimaginable auparavant pour elles : une chose qui dépasse la douleur. Une chose à travers laquelle la douleur traverse.

Une étudiante m'a confié qu'elle a attendu trois ans avant de venir à la retraite, jusqu'à ce que ses enfants soient assez grands pour se passer d'elle cinq jours d'affilée. Mais dès son arrivée, elle voulait déjà repartir. Elle a écarté de son esprit ce qui se passait, et elle se disait qu'elle n'avait rien de neuf à apprendre. Elle a téléphoné à sa compagnie aérienne pour réserver un billet de retour. Elle a même songé à prendre le train ou à louer une voiture pour revenir chez elle.

Elle a écrit ces paroles :

Dès le deuxième jour, j'étais déjà blasée par les activités. Je pensais : « Je sais déjà cela. Ce sont des notions élémentaires. Je n'ai pas besoin d'être ici et je n'en retirerai rien. » Je voulais partir. Mais j'ai ensuite compris que ma lassitude était en fait de la résistance à être seule avec moi-même. Cette prise de conscience m'a rendue plus réceptive. J'ai réalisé soudain que mon attitude blasée était généralisée dans ma vie.

Cette attitude dédaigneuse m'empêche d'aller vers les éléments spirituels qui sont reposants, accessibles et bienfaisants. Elle m'empêche d'aller à la découverte de l'inconnu. L'attitude blasée ne recèle aucun mystère. Aucun frisson de découverte. Aucune vie palpitante.

Il n'est pas facile pour moi de me concentrer sur le moment présent; j'ai l'habitude de naviguer dans ma tête. D'un autre côté, comme j'avais travaillé pas mal dur dans ma carrière, je me sentais justifiée de vouloir une spiritualité facile, relaxe et pratique. Une spiritualité qui m'aurait fait sentir mieux instantanément. Mais ici j'ai changé de point de vue quand je me suis aperçue que je devais travailler sur la pratique régulière des repas, de la respiration, de ma présence à chaque instant. C'est l'image d'une vraie vie.

Je vois l'engagement que mon séjour exige et je comprends que je n'aurai pas à dépenser les mêmes efforts douloureux, épuisants, obligatoirement exigeants qui me volent tellement de temps. Je vois que ces efforts demandent de l'humilité et de la volonté afin de pouvoir revenir en mon centre, fois après fois. Afin d'être intéressée par ce qui se passe ici sans masquer mon passé. Maintenant que j'ai eu l'avant-goût du bien-être que mon paysage intérieur me réserve, en sachant qu'il n'est pas miné – en fait, tout y est en devenir et est en réalité aimable et digne d'amour – je ne veux pas revenir à ma vie passée.

Pour rester, vous devez croire que quelque chose en vaut la peine, et vous devez alors revenir pour vous-même, encore et encore. Une fois que vous avez entrevu l'émerveillement, l'amour, les possibilités, l'avenir dans votre vie, vous vous engagez à retourner, à revenir à vous, chaque fois que vous fuyez.

～

Récemment, j'ai vu une entrevue de Stephen Levine et Ondrea, son épouse depuis 30 ans. J'avais rencontré Stephen lors d'un souper à Santa Cruz en 1978 quand il était jeune et énergique (hum, comme moi). Il animait des ateliers sur le passage de la vie à la mort, voyageait partout, donnait des conférences devant des auditoires de plus de 500 personnes. Aujourd'hui, il est si fragile qu'il ne peut ni marcher ni serrer les poings. Ondrea est leucémique et est sujette à des crises. Tous les deux affirment qu'ils n'ont pas peur de mourir. Chacun dit au sujet de l'autre : « J'aimerais qu'il ou qu'elle décède en premier pour ne pas qu'il ou qu'elle ait à souffrir de mourir en solitaire quand je serai mort ou morte. »

« *Ça alors !* me suis-je dit. *C'est complètement différent de mon désir morbide que Matt meure pour que je passe à travers la souffrance anticipée de sa mort.* » Stephen et Ondrea veulent que l'un meure avant l'autre pour lui épargner la douleur de la solitude. C'est le contraire de prendre la fuite. C'est de marcher tout droit dans la souffrance en comprenant qu'il existe dans la vie des choses qui surpassent un cœur brisé. Qu'il existe au-dessus de cela une substance qui sature complètement toute souffrance. Une substance qui contient la souffrance, qui est plus forte qu'elle. Et qu'il est inutile de combattre la souffrance ou la substance qui la sature.

J'ai réalisé alors que les adversaires contre qui je me battais et que je me bats encore n'étaient pas juste la mort et la perte. Il y avait aussi la question de mes cuisses qui aujourd'hui ressemblent à du Jell-O® ou l'apparence de mon cou qui, selon les mots de l'auteure Anne Lamott, ressemble au désert de l'Utah. J'ai du mal à m'en remettre. Je suis dans la cinquantaine et même si je sais que je ne suis pas si vieille, je ne peux pas lire les étiquettes sans des lunettes de lecture. L'autre jour, j'ai acheté une tablette de chocolat au chili, à saveur de piment rouge, au lieu de chocolat au café. Une faute grave.

Je sais que je peux toujours passer sous le scalpel, mais j'aurais l'impression de porter un masque. Combattre l'inévitable. Fuir la loi de la gravité. Je me dis que je crois en quelque chose de plus profond, d'éternel. Et il arrive que je nomme cette chose Dieu. Mais de temps à autre, j'oublie ce que je sais et je veux prendre la fuite encore une fois.

À un certain moment, il est temps de cesser le combat contre la mort, mes cuisses et les choses de la vie. Et de réaliser que l'alimentation compulsive n'est rien d'autre qu'une fuite parmi d'autres :

l'obsession cessera quand la fuite cessera. Alors qu'on lui demandait comment elle arrivait à endurer la souffrance profonde, Catherine Ingram, professeure de spiritualité, répondit : « Je côtoie des cœurs brisés qui le font tous les jours. »

~~~

Chapitre quatre

Le surpoids n'est pas le problème, même s'il constitue un problème

Il y a quelques années, une lectrice m'a envoyé une lettre accompagnée d'un ruban Weight Watchers sur lequel étaient embossés et imprimés en relief les mots J'AI PERDU 5 KILOS. Sous le lettrage doré, la femme avait écrit : « Et je me sens toujours aussi mal dans ma peau. »

Le surpoids déclenche en nous des pensées négatives. Quand nos jointures font mal, que nos genoux nous font mourir et que nous ne sommes plus capables de marcher trois rues sans être à bout de souffle, notre surcharge pondérale nous rend physiquement malheureuses. Au cours des 5, 20, 50 dernières années, nous étions tellement obnubilées par l'obsession de perdre ces mêmes 5 ou 10 kilos, que nous n'avons pas observé le déroulement parallèle d'événements qui sont sans rapport avec le poids.

Il y a quelques années, mon amie Sally a été invitée à un mariage en Finlande où elle a rencontré une cousine éloignée qui était furieuse contre moi. Elle disait qu'elle avait lu mes livres, mis ma méthode en application et avait engraissé de 50 kilos. Elle m'accusait d'être un charlatan, un imposteur, une moins que rien. Je ne lui en voulus pas.

Si j'avais grossi de 50 kilos, après avoir suivi les conseils d'une experte, moi aussi j'aurais été furieuse. Cinquante kilos ! D'une façon très gentille, et grâce à la protection de milliers de kilomètres, je répondis à la cousine de Sally que je ne doutais pas qu'elle eût suivi mes conseils. Cependant, je précisai que je n'avais jamais préconisé de manger de façon compulsive. Ce qu'elle avait dû faire, étant donné le gain de 50 kilos.

De façon générale, les gens sont si contents de lire, d'entendre et de commencer à suivre toute méthode qui ne vise pas directement la perte de poids qu'ils croient permis de manger sans restriction aucune. « *Ah ! ah !* se disent-ils. *Enfin quelqu'un qui comprend que ce n'est pas mon poids, le problème. Parfait, mangeons. Beaucoup. Sans arrêt.* »

Le problème n'a jamais été le surpoids ni même la nourriture. En vérité, le surpoids ne constitue pas le problème ; il ne l'a jamais été. Même si on mettait au point une pilule qui permettrait aux gens de manger ce qu'ils veulent sans prendre de poids, les émotions et les situations qu'ils évitent en se tournant vers la nourriture seraient toujours là. Ils trouveraient de nouveaux moyens de s'engourdir.

Dans le film *Le jour de la marmotte*, Bill Murray, réalisant qu'il ne grossirait pas s'il mangeait un millier de tartes aux cerises, se met à les dévorer comme si demain n'existait pas (en fait, dans le film, il n'y a pas de lendemain). Mais la cause s'est dissipée dès qu'il a réalisé qu'il aurait pu en manger à volonté sans devoir subir les conséquences habituelles. Quand vous faites disparaître la cause, il ne reste qu'une grosse pointe de tarte aux cerises inoffensive. Et une fois la tarte avalée, la cause qui ne semble pas être en lien avec la pointe de tarte, mais qui vous a conduit à la manger, est toujours là.

Au cours de la dernière année, j'ai correspondu et j'ai œuvré avec des femmes qui ont :

> ➤ hypothéqué leur maison pour payer les coûts d'un pontage gastrique et ont ensuite repris les kilos perdus.

> ➤ emprunté beaucoup d'argent à un membre de la parenté pour se faire traiter par liposuccion et réalisé après coup qu'elles détestaient toujours leurs cuisses.

➤ maigri de 50 kilos, et déçues de voir que cela n'avait rien réglé dans leur vie, ont repris les kilos perdus.

Soit que vous souhaitiez vous réveiller, soit que vous souhaitiez vous endormir. Vous devez soit vivre, soit mourir.

Le surpoids n'est pas le problème, même s'il constitue un problème.

On ne peut nier l'existence du surpoids et de ses conséquences physiques. Lors de mes journées de réflexion, certaines personnes ont du mal à s'asseoir de façon confortable sur une chaise. Elles sont incapables de grimper une route abrupte sans douleur. Leurs médecins les avisent qu'elles mettent leur vie en danger si elles ne maigrissent pas.

Elles ont besoin de se faire remplacer les genoux, les hanches, de se faire poser un anneau gastrique. Le corps ne peut plus fonctionner parce que sa surcharge pondérale exerce trop de pression sur le cœur, les reins, les articulations. Donc, dans une certaine mesure, le surpoids constitue un problème parce qu'il nuit aux fonctions vitales du corps : les sens, le mouvement, le déplacement et le sentiment d'être en vie.

L'épidémie d'obésité à laquelle nous sommes confrontés – 75 % des Américains souffrent d'un surplus de poids – fait sans cesse l'objet de reportages. Les statistiques sur les mesures corporelles, les nouvelles drogues, la découverte éventuelle d'un gène de l'obésité, tous ces sujets sont étudiés à l'infini dans les médias. Personne ne peut contester qu'un surplus de 50 kilos représente un défi physique.

Et encore.

Que vous pesiez 150 kilos ou 50 kilos, l'essentiel est que si vous mangez quand vous n'avez pas faim, vous utilisez la bouffe au même titre que la drogue, car vous êtes aux prises avec un problème d'ennui ou de maladie ou de perte ou de ressentiment ou de vide ou de solitude ou de rejet. La nourriture ne joue qu'un rôle intermédiaire. Elle est le moyen d'arriver à vos fins. Pour modifier vos émotions.

Pour vous engourdir. Pour créer un problème secondaire si le vrai problème devient trop insupportable. Pour mourir à petit feu plutôt que d'en finir avec votre vie gâchée, magnifique et très, très brève, même si vous vivez 100 ans. Le moyen de parvenir à ces fins passe par la nourriture, bien que cela ait pu aussi être l'alcool, le travail, le sexe ou la cocaïne. Ou la balade sur le Net. Ou le bavardage téléphonique.

Celles d'entre nous qui sont atteintes du désordre alimentaire compulsif choisissent la nourriture pour une multitude de raisons qui nous sont incompréhensibles (bagage génétique, trait de caractère, milieu). Nous ne sommes pas motivées par le goût. Ni par la texture ni par la couleur. Nous voulons de la quantité, du volume, du solide. Nous en avons besoin, et beaucoup, pour nous assommer.

Pour oublier ce qui se passe. C'est l'inconscience qui compte, pas la nourriture.

Parfois les gens disent : « Mais j'aime le goût des aliments. C'est vrai, j'aime le goût. Pourquoi n'est-ce pas si simple ? Je mange trop parce que j'aime bouffer. »

Mais.

Quand vous aimez quelque chose, vous y faites attention. Quand vous aimez quelque chose –, vous adorez cette chose – vous lui consacrez du temps. Vous voulez être présent à chaque seconde de l'extase.

L'excès de nourriture ne conduit pas à l'extase, mais plutôt à des rots, à des flatulences et à des maladies qui ne vous font plus penser à rien d'autre qu'à votre surpoids. Ce n'est pas de l'amour, c'est de la souffrance.

Peser trop ou pas assez est une conséquence secondaire. Le surpoids résulte d'un usage immodéré de la nourriture dans le but d'échouer votre vie. Même si vos jointures font mal, elles sont sans rapport avec la bouffe. De même avec l'arthrite, le diabète, la haute pression sanguine. Votre surpoids touche votre désir d'échouer votre vie. Il se rapporte au fait que vous avez renoncé à vivre, sans le dire. Il s'applique à votre croyance selon laquelle il n'est pas possible de vivre autrement, et vous vous servez de la nourriture pour le démontrer sans jamais devoir l'admettre.

Ce matin j'ai reçu la lettre suivante :

Chaque fois que je commence à suivre vos conseils, je prends peur et je retourne alors par sécurité au système de points créé par Weight Watchers. Et chaque fois que je ramasse des points, j'échoue inévitablement la semaine suivante, provoquant une nouvelle escalade de boulimie et de reproches culpabilisants.

Ma préoccupation première est que je ne sais pas comment combler les manques actuels dans ma vie. Je travaille depuis un an comme associée dans une grande firme d'avocats à New York. Aux dires de tous, j'irai loin et je deviendrai quelqu'un. Mais pour l'instant, mon travail actuel me laisse insatisfaite, car on exige de moi de faire mes preuves en exécutant des tâches routinières et en regroupant des documents. Si durant le jour, je peux contrôler ma rage de bouffe, le soir je reviens à la maison insatisfaite, en proie à des excès.

Je peux facilement faire le lien entre le vide de ma vie et mes habitudes alimentaires. Vos livres le décrivent parfaitement. Et je devrais regarder en face ma frustration liée au travail et à ma carrière au lieu de m'en distraire en mangeant. Comment faire autrement alors que j'en ai encore pour 8 mois au moins (ma prime) et sans compter 12 autres mois, le temps que mon ami termine son stage et que nous puissions déménager. Sur le plan intellectuel, je peux envisager mon travail comme une étape dans mon plan de carrière, mais sur une base quotidienne, cela m'est plus difficile.

Je suppose que je pourrais poursuivre l'analyse de mes fringales, mais malgré ma compréhension, je ne suis pas sûre que je puisse vraiment prendre l'habitude de faire attention à ma faim si mon emploi continue de consumer mon énergie.

Qu'est-ce qu'une jeune femme peut faire quand elle est destinée à devenir quelqu'un, mais qu'en attendant, elle se sent comme étant personne (une nullité)? Comment y faire face sans l'aide de la nourriture? Voici le vrai dilemme: «Je ne veux pas être ici alors je mange pour faire disparaître l'exaspération.» Comment puis-je supporter l'exaspération sans pour autant me gaver afin de me sentir mieux?

Supposons qu'elle continue de manger. Chaque soir, elle revient à la maison et se gave. Bientôt elle commence à prendre du poids. Son poids augmente peut-être au point que ses articulations la font souffrir, son dos lui fait mal, la pression sur ses genoux devient douloureuse à en mourir. Au lieu de s'inquiéter du fait d'être une nullité, elle s'inquiète maintenant de devoir remplacer ses genoux. Elle fait désormais partie des obèses et il lui semble, à elle et au monde entier, que son problème est son poids.

Si elle pouvait perdre des kilos, son corps fonctionnerait mieux (c'est probablement vrai) et elle serait heureuse (c'est faux). Mais son problème n'a pas de lien avec la bouffe qu'elle ingurgite. Son problème n'est pas son poids, bien qu'un surplus puisse en devenir un. Son problème est qu'elle ne sait pas – personne ne lui a appris – comment «combler ses manques» (comme elle le dit). Le vide de sa vie. Son insatisfaction.

Je vois quatre options. La première est qu'elle continue son emploi actuel. C'est le choix que la majorité d'entre nous fait la plupart du temps. Quand nous énonçons ce genre de dilemme, de paradoxe: «Je dois rester ici, mais je ne veux pas. Rester ici me rend malheureuse. Quand je suis malheureuse, je mange», nous révélons généralement à cor et à cri notre désordre alimentaire compulsif que nous surnommons «Le Problème».

Notre manque de volonté, nos crises nocturnes de boulimie, nos mesures corporelles en expansion. Bien qu'une prise de poids substantielle constitue un problème qu'on doit traiter, c'est un problème que nous avons créé afin de ne pas transiger avec l'inconnu.

La deuxième option est de quitter son emploi pour en trouver un autre qui réponde à son désir. Ce choix est plus difficile spécialement si le droit, qui est sa passion, lui demande, en début de carrière, de faire des tâches qui ne l'enchantent guère.

La troisième option – celle qu'elle affronte actuellement – est de défaire le nœud qu'elle qualifie de manque. Pour démystifier le vide qu'elle fuit soir après soir. Si les sentiments éprouvés le soir cessaient de l'effrayer, elle n'aurait pas recours à une drogue pour s'engourdir.

Le manque. Le vide. Ces simples mots évoquent des pensées affolantes produisant des sentiments angoissants. Les pensées et les sentiments sont basés sur l'idée qu'on espère une chose qui met du temps à arriver : « Je suis supposée être quelqu'un de spécial et me voici en train de faire du travail de routine et de regrouper la documentation des collègues. Cela ne correspond pas à mon idéal. Je ne pourrai jamais arriver à quelque chose.

« Ma vie est un gâchis. Est-ce que ce sera toujours ainsi ? Est-ce que mes rêves sont des châteaux en Espagne ? J'aurais dû savoir que cela m'arriverait. J'aurais dû écouter Mme Simpkinson, mon enseignante de 8e, quand elle me disait que je n'arriverais jamais à rien. Oh ! je me sens tellement vidée. Je me sens nulle, archinulle comme d'habitude et je ne serai jamais compétente. Je dois manger. »

Le mot « manque » sonne affreusement, n'est-ce pas ? Quel sentiment fait-il naître en elle ? Résonne-t-il comme un gros trou dans son estomac, dans sa poitrine ? Est-ce qu'elle a l'impression que tout s'est écroulé autour d'elle et qu'elle se tient au bord d'un précipice, risquant d'y tomber? Si elle cesse de s'agripper et se laisse tomber, qu'arrivera-t-il? (Souvenez-vous que toutes ces images se déroulent dans sa tête. Elle ne se tient pas au bord d'un précipice, mais probablement au bord d'une chaise. Elle ne tomberait pas du tout, même si dans sa tête elle se laissait tomber.)

Est-ce que le vide correspond à une réalité spatiale ou à autre chose? Si c'est une réalité spatiale qu'elle ressent vraiment dans son corps, là où elle réside, elle est en mesure de faire la différence entre une vraie peur et une peur imaginaire.

Éprouver un sentiment de vide qu'on veut faire disparaître en se gavant, c'est compréhensible, mais avant d'en arriver là, n'existe-t-il pas des solutions intermédiaires? Le problème de surpoids est prévisible. Nous savons quoi faire dans ce cas-là: se flageller, se culpabiliser, manger moins de pâtisseries. Mais si cette sensation du vide subsistait, il faudrait en prendre possession, l'accueillir, la comprendre pour mieux se connaître soi-même, faire la différence entre la fiction et le sentiment réel: la méthode vous apparaît trop brutale.

Imaginez que nul sentiment ne vous effraie. Imaginez que rien ne peut vous détruire. Que vous êtes au-dessus de toute sensation, de toute condition. Que vous êtes plus forte, plus grande. Qu'il n'y a plus de raison de vous droguer parce qu'aucune drogue ne pourrait se comparer à la connaissance de vous-même. À la compréhension de la vie, de l'existence, juste en étant présente à ces sentiments qui montent en vous quand vous revenez le soir à la maison.

La quatrième option : accepter la situation. Cesser toute résistance par rapport à votre travail routinier. Comprendre que, pour l'instant, les choses sont ainsi et porter votre attention au présent encore et toujours.

L'acceptation représente le défi de base pour les gens aux prises avec l'alimentation compulsive. C'est pourquoi ce n'est pas relié à la question du poids. Pourquoi, après avoir perdu cinq kilos, se sent-on encore mal dans sa peau ?

Le manque d'acceptation et l'insatisfaction de notre avocate sont synonymes. Elle croit, en comptant absolument sur le fait que dès qu'elle sera devenue quelqu'un de spécial, elle ne se sentira plus en manque, ni déficiente, ni vide. Je pensais comme elle, moi aussi. Plus d'un million de fois. On appelle ce réflexe le « *blues des quand* » : quand je serai mince, quand j'aurai un nouvel emploi, quand j'aurai un nouvel appartement, quand j'aurai une nouvelle relation, quand j'aurai de l'argent. On le surnomme aussi le refrain du « *si seulement* ». Cela correspond à reporter à une date ultérieure la capacité d'être heureuse, alors oh ! alors, que vous réaliserez tous vos désirs et que la vie sera belle.

Dans mes livres *Feeding the Hungry Heart* et *Lorsque manger remplace aimer*, j'ai relaté les récits de femmes qui ont maigri et se sentaient toujours aussi misérables. Elles ont obtenu ce qu'elles désiraient le plus, mais elles ont découvert qu'elles n'étaient pas heureuses. Parce que – eh oui, je sais que c'est un cliché mais comme tout cliché, il parle de vérité – être heureux ou malheureux ne dépend ni de vos possessions, ni de votre apparence, ni de vos réalisations.

Je ne suis pas trop fière d'avouer que j'ai déjà été malheureuse. Par exemple, je me suis sentie malheureuse alors que je me promenais, en plein mois de juin, dans un champ rempli de milliers de tournesols dans le sud de la France. J'étais malheureuse quand je pesais 40 kilos et portais des vêtements taille 0. Et j'étais heureuse de porter des vêtements taille 18. Heureuse d'être assise au chevet de mon père mourant. Heureuse de travailler comme standardiste.

Il ne s'agit pas d'un problème de poids. Il ne s'agit pas d'atteindre un but. Il ne s'agit pas d'être mince ou d'être quelqu'un de spécial ou de réussir. Ce sont des fantaisies de l'esprit qui se situent dans un avenir qui ne se réalisera jamais. Parce que si vous atteignez vos buts, ils le seront au «bon moment». Et au «bon moment», vous serez encore vous, faisant les mêmes activités qu'aujourd'hui. Vous continuerez de vous tenir debout. De vous promener. D'aller chez le dentiste. D'ouvrir la porte du frigo. De dormir. D'être heureuse. D'être anéantie. De vous sentir seule. De vous sentir aimée. De vieillir. De mourir.

Mais on ne peut pas négliger le problème de poids. Si vous continuez de vous droguer à la bouffe, de vous fuir en vous créant un problème de poids, il faudra alors vous occuper de votre problème de poids, avec un minimum d'attention, de courage et de présence, afin d'être en mesure de vous lever, de marcher, d'ouvrir des portes, de dormir, de vous sentir heureuse ou malheureuse ou aimée, de vieillir, de mourir. Si vous continuez d'étouffer l'élan vital de la vie par des problèmes, vous ne verrez qu'eux. D'un autre côté, vous ne pouvez pas ignorer un problème juste parce que c'est vous qui l'avez fabriqué.

Dans une certaine mesure, le surpoids devient le problème. Quand votre avenir est sérieusement mis en péril, vous devez traiter ce problème. Non pas au point de ressembler à une image imaginée par votre esprit sans lien avec votre corps, votre âge ou votre vie. Vous devez traiter l'excès de poids sinon votre vie deviendra lamentable. Vous vous trimbalerez d'un endroit à l'autre, à bout de souffle. S'asseoir sera douloureux. Voler en avion équivaudra à une torture. Aller au cinéma deviendra un défi. Vous deviendrez tellement épuisée par le problème que vous avez créé que votre vie se limitera et que votre vision se rétrécira.

Votre vie ne connaîtra que des limitations. Ce que vous pourrez et ne pourrez pas faire. Ce que vous pourrez cacher. À quel point vous aurez honte de vous-même. Vous étoufferez vos sens, vous fuirez le monde des sons, des couleurs, de l'humour pour vous réfugier dans une réalité factice. Si vous continuez de vous droguer à la bouffe, si votre vie se résume à votre surpoids, vous allez passer à côté de quelque chose qui n'a rien à voir avec votre problème. Vous êtes en train de mourir avant même d'avoir commencé à vivre.

Voici la lettre que j'ai adressée à personne en particulier qui rêve de devenir quelqu'un de spécial, et qui, entre-temps, s'est créé un problème de surpoids.

Vous semblez avoir choisi cette profession et par conséquent son plan de carrière. Êtes-vous en mesure de l'accepter ? Non pas au sens qu'il faut vous résigner, ce qui est pour bien des gens synonyme d'acceptation. Non pas au sens qu'il faut être une victime : « Pauvre de moi, je ne peux rien faire que d'accepter la situation. » Plutôt au sens qu'il vous faut cesser de définir votre travail comme un moyen d'atteindre un but, mais surtout d'endosser le choix que vous avez fait.

Et si ce que vous êtes censée faire correspondait précisément à ce que vous faites actuellement ? Et si chaque tâche routinière était la perfection même et que vous passiez à côté d'elle parce que vous êtes à la recherche d'autre chose?

C'est comme de laver la vaisselle. Si votre objectif est de laver la vaisselle rapide-ment pour que votre cuisine soit propre, vous raterez les étapes situées entre le début et la fin. La chaleur de l'eau, les bulles de savon chantantes, les mouvements de votre main. Vous ne pourrez pas voir la vie qui se déroule dans la zone intermédiaire, entre maintenant et votre conception idéale de la vie. Et quand vous ratez ces moments parce que vous aime-riez faire autre chose, vous échouez votre propre vie. Ces moments ne reviendront plus.

Si vous devenez quelqu'un – car on avait prédit que vous vous alliez vous rendre loin – votre vie peut ne pas s'améliorer si vous n'avez pas su être éveillée, vivante, dans l'instant présent. Être capable de vivre l'instant pour ce qu'il est. Il est aussi facile d'être misérable quand vous êtes quelqu'un de spécial que lorsque vous n'êtes personne en particulier.

Parce que même quelqu'un de spécial doit vivre dans sa peau et composer avec l'ennui, le rejet, la solitude et la déception. Même quelqu'un de spécial revient le soir à la maison et fait la même chose qu'une personne ordinaire : elle s'endort seule. Vous auriez intérêt à apprendre dès maintenant comment vivre l'instant présent. Comment endosser la vie que vous avez choisie. Comment occuper chaque centimètre de votre peau. Comment habiter l'espace intérieur de votre corps qui vous appartient. À vous seule.

L'auteure Annie Dillard a écrit: «La façon dont vous occupez vos jours en dit long sur comment vous passez votre vie.» Soyez résolument honnête. Demandez-vous comment vous voulez passer vos jours. Comme vous allez devoir passer en revue des documents de toute façon, pourquoi ne pas porter attention à votre respiration et au tic-tac de l'horloge en même temps?

Quoi qu'elle vous offre, la réalité de votre vie quotidienne doit être meilleure que la propre misère que vous avez créée à partir de vos fabulations inventées de toutes pièces. Elle doit être meilleure que vos excès de nourriture nocturnes, vos pensées d'auto-dénigrement et vos fausses promesses.

Revenez à la réalité. Sortez de votre transe. Portez attention à votre respiration. À vos bras. À vos jambes. Écoutez les sons. Le craquement d'une chaise. Le ronronnement d'une photocopieuse. Remarquez les couleurs. La robe bleu roi de votre collègue. La tache de café sur la cravate de votre patron. Rendez-vous compte de la vie qui bouge autour de vous chaque seconde.

La chanteuse Pearl Bailey disait: «Les gens voient Dieu chaque jour, mais ne le reconnaissent pas.» Et si chaque jour était une chance de voir une nouvelle version de Dieu? Et si ce dont vous aviez besoin était sous vos yeux, mais que vous ne pouviez pas le reconnaître?

Vous possédez déjà tout ce qui est nécessaire pour vous combler. Votre véritable travail, en dépit des échelons à gravir au sein de votre société, c'est de faire tout ce qu'il faudra pour le réaliser. Et alors, il importera peu si vous êtes devenue quelqu'un de spécial ou personne en particulier parce que vous serez pleinement vivante chaque instant, ce qui, j'imagine, est tout ce que vous désiriez quand vous vouliez conquérir le monde.

Ou quand vous désiriez être mince.

CHAPITRE CINQ

~~

Par-delà les blessures

À un certain moment, j'ai commencé à croire que le but de la vie était de réussir l'examen à l'heure de ma mort. Tout de suite après mon dernier soupir, il y aurait un procès au cours duquel je serais forcée de faire le bilan de ma vie. Étant donné ma tendance à m'approprier les plus gros morceaux de tout et à collectionner en grandes quantités les boucles d'oreilles alors que les trois quarts des personnes de la planète ont un revenu quotidien de moins d'un dollar, il n'y aurait aucun doute sur le verdict : j'irais en enfer.

À moins, bien sûr, que je passe le reste de ma vie à essayer d'être moins égoïste comme Mère Teresa et à sortir sans rouge à lèvres. Ou, dans le pire des cas,

je devrais renoncer à toutes mes possessions maté-
rielles et à vivre dans une maison de tourbe, à dormir
sur un matelas bourré de chanvre, à m'habiller de
vêtements faits de bouteilles recyclées et à me nourrir
d'un régime très frugal à base de micro-organismes.

Quand je rencontre, pour la première fois, les
participantes qui viennent à ma retraite, je vois chez
elles les mêmes croyances canalisées à travers la
relation avec la nourriture. Comme si, en se punissant
à l'aide de régimes rigoureux, elles allaient compenser
des dommages invisibles, des erreurs profondes de
leur vie. Devenir mince devient l'examen. Maigrir
devient leur religion. Elles doivent endurer l'humi-
liation et les tortures; elles doivent s'enrôler dans
une succession sans fin de diètes contraignantes;
et ce n'est qu'après ce long processus qu'elles seront
pures, saintes et sauvées.

～

Quand j'étais membre de Weight Watchers, au
début des années 1970, des amis m'ont hébergée une
semaine. Pendant qu'eux mangeaient leur pain de
viande accompagné d'une purée de pommes de
terre, moi je me contentais de suivre mon régime.
Un soir, je préparais mon repas avec le reste des
aliments permis pour la journée, c'est-à-dire deux
portions de sauce tomate froide – la cuisinière élec-
trique ne faisait pas partie de mes talents – et une
portion de fromage ricotta. Je transférais mon repas
dans un bol quand mon ami Alan me demanda:

«Est-ce que tu as vraiment l'intention de manger cela? Un morceau de fromage froid avec de la sauce tomate froide?

– Oui, répondis-je, bien sûr.» Mais à vrai dire, je ne pouvais pas répondre «non». Je n'avais pas la permission de manger ce que je voulais. Je devais faire des sacrifices, expier mes fautes et me racheter d'être moi. Être grosse.

~⌒

Le plus difficile quand on veut enseigner aux gens à respecter et à écouter leur corps, c'est de les convaincre qu'il n'y a rien à respecter. Ils ne peuvent trouver aucune partie en eux qui soit entière ou intacte. Et alors, quand ils m'entendent leur dire: «Relaxez, faites-vous confiance», ils ont l'impression que je leur demande de se jeter dans la gueule du loup. Que je les chasse vers la nature sauvage et féroce. La possibilité qu'il y ait en eux ou en quiconque une partie qui soit intacte, qui n'ait jamais pris un kilo, qui n'ait jamais eu faim, qui n'ait jamais été blessée, leur apparaît comme un mythe aussi farfelu que celui de la déesse sumérienne Inanna qui est montée sur terre après avoir été suspendue à un crochet lors de son séjour en enfer.

Mais ensuite je les interroge sur les enfants. Je leur demande de se souvenir de la naissance de leurs propres enfants qui sont déjà magnifiques et tout à fait dignes d'amour. Ils hochent la tête. Ils réalisent que de se sentir imparfait est appris et non inné, et que leur travail est de retrouver le chemin de la complétude.

～

Il y a quelques mois, j'ai perdu mon visage. Pas du genre : « Chéri, j'ai perdu mes clefs de voiture ». Non, un matin, je me suis réveillée pour trouver à la place de mon visage un ballon de plage tout rond, un orifice mouvant sous mon nez connu auparavant comme ma bouche, et deux saillies enflées dessous mon front à partir desquelles autrefois les fentes de mes yeux en amande pouvaient voir. Des bosses rougeâtres et suppurantes, résultat d'une réaction allergique au début de la semaine, occupaient l'espace où ma peau était récemment présente.

Et comme notre retraite était dans sa deuxième journée (sur six), et que l'endroit éloigné rendait impossible le départ et le retour d'un rendez-vous médical à temps pour la rencontre suivante, il n'y avait rien d'autre à faire que de passer le reste de la semaine, sans mon visage, devant une centaine de personnes.

Le troisième jour, mon visage avait doublé de volume et les bosses me piquaient comme un millier d'abeilles. Le quatrième jour, je ne pouvais ouvrir qu'un seul œil.

« Est-ce que c'est difficile de me regarder ? demandais-je à un de mes adjoints.

– Oui, répondit-il.

– Est-ce que mon visage a l'air déformé?

– Ouais. La première fois que je t'ai vue, j'ai trouvé que tu ressemblais à l'homme éléphant. Maintenant je me suis habitué. »

J'aimerais pouvoir dire que j'ai accepté ma nouvelle apparence avec une impassibilité limpide et une sérénité digne de Bouddha. Mais mes prédispositions inhérentes pour le drame et l'hystérie m'ont projetée dans leurs ornières bien tracées. Je touchais mon visage aux 30 secondes; je souffrais immensément en refusant de croire que cela m'arrivait. Je voulais ravoir mon visage. Maintenant. Ce n'était pas juste. Ce n'était pas que j'étais contre l'idée de perte. Ou que certaines pertes – la mort, par exemple – faisaient partie de la vie. Mais perdre mon visage? Cela dépassait les bornes.

Quand je voyais une créature vivante, une personne, un chien, un lézard, je me disais: *Tu as toujours ton visage, de quoi te plains-tu?* Je pensais aux personnes dont le visage était déformé. À l'homme éléphant lui-même. Je me disais: *Si je retrouve mon visage, je ne considérerai plus mes joues comme allant de soi. Je ne me plaindrai plus de mes pattes d'oie, je n'aurai jamais plus un regard dédaigneux sur mes taches solaires, mes rides et mes ridules. Je m'éveillerai chaque matin et accueillerai mon visage avec enthousiasme et gratitude, de la même manière que devant le miracle de l'Immaculée Conception.*

Comme le thème de la semaine portait sur les réalités cachées derrière les apparences, alors lentement, je commençai à noter que rien ne clochait en fait. Au début, ma façon de voir était agressive, comme si j'étais une fillette de trois ans qui faisait une crise parce qu'elle avait perdu sa poupée préférée et qu'elle était très fière d'avoir fait un tel tapage même si elle l'avait retrouvée. Je portais bien ma souffrance comme un manteau usé. Parce que je pouvais. Parce que je savais comment. Parce que cela m'avait tenu compagnie durant mon enfance.

Mais plus je remarquais que je ne pouvais plus me servir de mon visage comme de mon logo – le point convergent de mon identité – plus je me sentais libre. Sans mon visage, je perdais mon identité. Quand j'ai cessé de prétendre que j'étais quelqu'un de spécial, que je ne pouvais plus coller les différentes parties de moi pour en faire un masque cohérent et contrôlé, un courant d'air frais et inattendu s'engouffra par la porte.

Cela me rappela alors les fois où je n'ai pas sommeil et que je croupis au fond du lit, en proie à la chaleur et à la sueur, tourmentée par des activités mentales fiévreuses. Une pensée me traversa l'esprit comme une prière : *Va dehors. Sors sur le balcon et regarde le ciel. Une toute petite minute. Écoute le silence de la nuit.* Dès que je peux échapper à ma transe hypnotique à la recherche de mes fautes, je jette un chandail sur mes épaules, passe la porte et pénètre sous la voûte de la nuit. Fraîcheur. Silence.

Un million de points scintillants. Le cœur bat une, deux, trois fois. L'esprit se débarrasse de sa frénésie, s'unit à l'univers. Éblouie par un monde qui ne ressemble aucunement à celui d'il y a une dizaine de minutes, à celui que je construis continuellement dans ma tête, je rentre à la maison comme si moi aussi j'étais un point scintillant

Dans les espaces infinis, avançant à pas feutrés dans un couloir étranger, disparaissant à chaque pas jusqu'à ce que je m'endorme.

Quand je n'avais plus de visage humain, j'ai eu besoin de compassion et elle s'est présentée. Quand venait l'heure de prendre la parole, je pouvais parler. Tout ce que je devais faire – ressentir, rire, pleurer, penser, dormir, s'asseoir, marcher, manger, goûter, avaler – je l'ai fait alors que je n'avais plus mon visage. Une réalité qui m'était inconnue comme étant moi était présente, bien que l'appareil physique que j'avais le plus identifié à moi était parti. J'ai pensé que cela concernait tout le vacarme spirituel. Cette présence indestructible, cette entité impérissable. C'est ce qui reste une fois que toute chose périssable est morte et que tout ce qui peut être perdu est parti.

～◠

Comme j'avais déjà commencé la semaine de retraite, je décidai de me servir de l'expérience de mon visage. Je demandai à mes étudiantes ce qu'elles voyaient lorsqu'elles me regardaient. Est-ce qu'elles croyaient que, derrière mon visage difforme, j'étais encore moi. Je voulais surtout qu'à partir de leurs réactions devant mon visage, elles explorent leurs croyances sur leurs corps. Si elles prenaient cinq kilos, si leurs bras ne correspondaient plus à leur idéal, étaient-elles toujours les mêmes ?

À part le cinéma qui défilait dans leur tête sur la façon idéale, la façon souhaitée, la façon nécessaire d'atteindre le bonheur, est-ce qu'il y avait quelque chose qui clochait chez elles ? Que leur restait-il une fois qu'elles avaient perdu leurs conceptions sur les choses qu'elles pensaient indispensables ?

Quelques mois auparavant, nous avions fait l'exercice du miroir. J'avais demandé à chacune de marcher vers un miroir de pleine longueur et de me dire ce qu'elles y voyaient. Leurs chapelets de jugements se ressemblaient beaucoup. « Je vois des cuisses monstrueuses. » « Je vois une tignasse de cheveux plats et raides. » « Je vois un horrible double menton. » « Je vois des bras qui descendent jusqu'au Montana. » « Je vois de la cellulite – c'est dégoûtant – qui perce à travers mes pantalons. » « Je ne supporte plus ce que je vois. J'ai du mal à me regarder. » *Mon corps et moi ne faisons qu'un. Mon corps ne représente rien de bien et donc je ne représente rien de bien.*

Ensuite, je leur avais demandé de regarder à nouveau leur corps, en commençant par les yeux. De regarder au-delà de la couleur et de la forme des yeux et de voir ce qui était vu. À celles qui ne comprenaient pas la partie «voir-ce-qui-était-vu», j'avais demandé de se souvenir, un court instant, de cette période de l'enfance où on ne connaît pas encore le nom ni la catégorie des objets de notre environnement.

Leurs impressions d'enfant devant un déploiement de formes et de couleurs avant d'apprendre qu'il s'agit d'une rose parmi beaucoup d'autres roses. Leurs impressions d'enfant devant un trésor, une pierre, des vagues, la main de maman, avant de connaître sa classification, et l'écarter si elles le connaissaient déjà.

Toutes avaient compris immédiatement le sens de mes paroles comme si je m'étais adressée dans un code secret qu'elles avaient refoulé à leur insu. Quand elles ont répété l'exercice, elles ont utilisé des mots tels que *brillance, précieuse, pleinement confiante*. «Je vois de l'émerveillement», avait dit une participante. «Je vois de l'innocence.» Elles avaient vu de la beauté et de l'amour et une fiesta de couleurs et de formes, en regardant leurs visages, leurs jambes qui les transportaient, leurs bras qui tenaient leurs enfants.

À la suite de la profusion de qualificatifs quasi adorateurs sur son corps (et ce que voyait son corps), une participante s'exclama: «Geneen! Est-ce que vous m'avez hypnotisée?» Elle ne se souvenait pas, de toute sa vie adulte, de s'être contemplée autrement qu'avec dégoût. Je lui avais répondu que je croyais qu'elle était déjà sous hypnose et que la preuve en était son aversion d'elle-même.

Durant la séance de réflexion sur le visage, la plupart m'ont dit qu'elles avaient remarqué mon visage seulement durant un court laps de temps. Un visage, semble-t-il, est seulement la porte d'entrée sur ce qui se cache derrière. Sur ce qu'une étudiante a nommé « la quintessence ». (Toutes n'avaient pas des réflexions aussi élevées, comme cette personne qui m'a lancé : « Oh ! une réaction allergique ! Voilà pourquoi vous aviez la mine si défaite et si fatiguée ! »)

Et est-ce ainsi que vous vous sentez au sujet de votre corps ? Est-ce la porte d'entrée sur ce qui se cache derrière ? Sur une sorte de quintessence ? », demandai-je.

Pas tellement. Pas vraiment. Pas du tout. Est-ce que vous blaguez ?

Quelqu'un a posé la question : « Que se passerait-il si je passais à côté d'une partie essentielle ? Si j'étais vraiment déprimée, de la tête aux pieds ?

– C'est impossible, répondis-je. Regardez encore. » Ensuite, je lui ai raconté l'histoire du derviche soufi, un religieux musulman, du nom de Mullah Nasrudin, qui faisait de la contrebande hors frontière et confondait magistralement les douaniers. Durant quatre ans, et ce, tous les jours, il a paradé devant eux et, à chaque voyage, ils le soupçonnaient de cacher des produits de luxe qu'il vendait pour des sommes d'argent faramineuses.

Mais en dépit de leurs fouilles minutieuses, et même s'ils voyaient Nasrudin prospérer, les douaniers ne pouvaient rien trouver dans la sacoche et sur la selle de l'âne qu'il montait. Finalement, bien des années après, une fois que Nasrudin eut déménagé à l'étranger, un douanier lui demanda : « Bon. Tu peux l'avouer maintenant. Qu'est-ce que tu faisais passer en fraude ? » Nasrudin lui fit un grand sourire : « Mon cher ami, dit-il, je faisais la contrebande des ânes. »

~☉

Il est caché sous nos yeux. Le secret de Polichinelle. Chaque jour, nous avons la chance d'être en contact avec ce qui est intact. Mais nous sommes tellement préoccupés par des millions de détails du quotidien que nous passons à côté. Cette réalité intacte est toujours là, qu'on lui donne un nom ou pas. Elle demeure là, qu'on la remarque ou pas.

Songez à un moment où vous avez dépassé les limites normales de votre être. Quand le temps s'est arrêté. Quand vous avez senti le cadre ordinaire de votre vie se désintégrer et qu'une porte s'est ouverte sur une nouvelle dimension. Cette expérience, peut-être l'avez-vous vécue au milieu de la forêt tropicale ou lors de la naissance de votre enfant ? Peut-être qu'elle s'est produite quand vous aviez 20 ans et preniez de la drogue. Peut-être qu'elle se répète chaque fois que vous êtes dans la nature ou quand, sans raison, vous vous sentez heureuse soudainement.

Cinq minutes auparavant, vous vous traîniez les pieds. Le soleil était trop chaud. Vos enfants hurlaient ou votre patron criait et vous détestiez votre vie. Et tout à coup, vous avez entrevu un aperçu de la beauté et comme si on avait ouvert la porte de votre cage, vous vous êtes échappée de l'étau métallique de votre esprit. Et pas une seule chose n'avait changé au cours des cinq dernières minutes, mais tout semblait avoir l'air et être complètement différent.

~⁓

Au cœur de plusieurs autres motivations, l'alimentation compulsive est une tentative, un désir, un essai de contacter la partie de soi qui est restée intacte. Quand vous demandez aux gens qui sont sous le joug du désordre alimentaire de révéler les raisons qui les poussent vers la nourriture, ils répondent des choses comme : « Je cherche la paix. La tranquillité. Je veux oublier que j'existe un moment. Je veux partir ailleurs. » C'est comme si la connaissance d'une réalité cachée derrière les préoccupations personnelles est déjà présente en eux et qu'ils utilisent la nourriture pour y avoir accès. Ce qui, évidemment, conduit à vivre plus de souffrance. Bien que le but soit honorable, les moyens envisagés causent de l'aliénation, de l'isolement et de la souffrance.

~⁓

Tôt ou tard, nous sommes tellement fatiguées d'essayer de nous guérir que nous arrêtons. Nous constatons que nous n'avons jamais été capables de nous améliorer. Jamais été capables de nous accomplir en devenant quelqu'un d'autre. Et nous cessons toute tentative. Nous voyons qu'il n'y a pas de but, pas de fin, pas de test à passer. Il n'y a personne pour marquer ou compter nos points. Pour nous surveiller et évaluer si nous sommes dignes d'élévation.

Comme le disait l'un de mes professeurs : « Si tu n'essaies jamais rien, tu ne feras jamais d'erreurs. » Au bout du compte, nous réalisons que ce sont nos efforts investis à parfaire, nos constantes tentatives à nous guérir, qui gardaient essentiellement la plénitude à distance. Si vous pensez que votre travail est de guérir les parties qui clochent en vous, vous allez trouver de plus en plus de parties à raccommoder. C'est préférable au chômage. Particulièrement dans notre économie.

L'une de mes étudiantes m'a envoyé ce mot :

> *Durant la retraite, j'ai réalisé à quel point j'avais fait des efforts compensatoires pour être moi. À quel point, je me suis acharnée, efforcée de contrer ce qui, selon moi, n'allait pas. J'ai constaté que personne n'est fondamentalement fautif – que chaque bébé naît avec le sens intact d'être lui-même – mais la structure de mon système nerveux semble pencher dans une direction*

particulière: je dois compenser le fait d'être moi.

Je ne peux écouter mes instincts parce que si je (la partie fautive) le fais, ils doivent être fautifs. Et c'est pourquoi, je dois faire exactement le contraire de ce que je veux parce que, même si c'est difficile, même si je souffre, cela doit être la bonne chose à faire. Le mal, la souffrance vont en quelque sorte effacer l'ardoise, racheter les fautes.

C'est mon désir d'être bonne qui m'a conduite à tant désirer m'éveiller. Comme s'il y avait une maman omniprésente dans le ciel qui surveille mes actions et qui me récompense avec des étoiles dorées parce que je me lève le matin pour méditer. Pour avoir tant travaillé sur ma personne et si dur, et depuis tant d'années. J'ai l'impression que je dois découvrir la façon de m'exprimer, et la façon de m'améliorer. Et tout cela, parce que c'est une évidence et aussi pour développer des qualités dont je crois être dépourvue, de devenir quelqu'un que je ne suis pas au départ. Je suis si lasse de cette recherche, et de ne rien trouver, que j'abandonne.

C'est effrayant à dire. Cela ressemble à ces fois où l'on abandonne son régime. J'ai eu l'impression de commettre un péché en annonçant au monde et à moi-même que je pouvais me faire confiance. Aujourd'hui c'est un abandon d'une autre sorte: la tentative d'affirmer que je suis née comme je suis. Mais je suis prête. Je peux le sentir dans mes tripes. Je ne crois plus que je suis défaillante. Ou si je le suis, il n'existe aucun moyen de me guérir.

~

De cela je suis certaine: chaque fois que je cesse de me battre contre l'état actuel des choses, quelque chose se déclenche. Cela arrive aussi à chacune de mes étudiantes dès qu'elles mettent en veilleuse leurs schémas familiers composés de peurs, de manques et de vides. Je ne sais pas quel nom donner à ce virement de situation ou à la fraîcheur qui s'ensuit, mais je sais quels sentiments il procure: un sentiment de soulagement. Un sentiment de bonté infinie. Comme l'odeur d'un doux parfum, la beauté pure à couper le souffle, une nouvelle mélodie ensorcelante.

C'est un sentiment semblable à l'essence de la tendresse, de la compassion, de la joie et de la paix. Comme l'amour lui-même. Et à l'instant où vous éprouvez ce sentiment, vous reconnaissez la présence de votre *identité première* et qu'elle était toujours là, attendant le retour à vous-même.

Lorsque vous vous oubliez, ce qui vous arrive toujours, vous comprenez parfois qu'un acte de bonté envers quiconque – une plante, un animal, un

étranger, un partenaire – vous rapproche de vous.
Prendre soin de votre corps signifie prendre soin de
vous. Prendre soin de la planète signifie prendre soin
de vous. Et que vous avez délaissé tout et quiconque
vous demandait de renoncer à vous-même, parce
que ce que vous vouliez, ce que vous souhaitiez, ce
que vous avez aimé pendant des siècles, c'est Vous.
Vous savez intuitivement que chaque pas accompli,
chaque personne aimée, chaque tâche réalisée
signifiait La rencontre avec Vous. Le retour à Soi. Et
l'enfer n'est rien d'autre que le renoncement à son
Être. Le paradis existe déjà sur la terre.

CHAPITRE SIX

~

Réapprendre à voir la beauté

Tout au cours de mes études secondaires, je rêvais d'avoir les jambes de Melissa Morris, les yeux de Toni Oliver et les cheveux d'Amy Breyer. J'aimais bien ma peau, mes seins et ma bouche, mais tout le reste devait partir. Puis, dans la vingtaine, je n'aspirais qu'à faire découper en tranches mes cuisses et mes bras comme si j'étais une dinde ; j'étais convaincue que si je parvenais à retrancher de mon corps ce qui n'était pas beau, il ne me resterait que les belles parties, les jolies parties, les parties minces de moi.

Je croyais qu'il y avait un but final, un endroit où j'arriverais et pour toujours à être en paix. Et comme je croyais aussi que la façon d'y arriver était de me juger, d'avoir honte de moi et de me détester, je mis ma confiance dans les régimes.

Les régimes sont basés sur la peur inexprimée d'être une folle, une terroriste de la bouffe, une lunatique. En définitive, vous détruirez tout ce que vous aimez, et c'est pourquoi on doit vous en empêcher. Un régime vous promet non seulement que vous aurez un corps différent, mais qu'avec ce nouveau corps, vous aurez une vie différente. Si vous vous détestiez beaucoup, vous vous aimerez. Si vous vous torturiez beaucoup, vous deviendrez un être paisible et relaxe.

Malgré les notions démentes telles que la haine conduit à l'amour et que la torture mène à la relaxation, nous hypnotisons notre esprit à croire que la fin justifie les moyens. Nous nous traitons comme si la privation, la punition et la honte conduisaient au changement. Nous considérons notre corps comme l'ennemi et le seul résultat acceptable est son anéantissement.

Nous croyons profondément que la haine et la torture donnent des résultats. Et bien que je n'aie jamais rencontré personne – pas une seule – chez qui le combat avec son corps n'ait conduit à des changements durables, nous continuons de croire que, en étant un peu plus dégoûtées de soi, nous allons l'emporter.

～つ

Un animateur d'une émission-débat m'a déjà demandé comment on pouvait modifier son rapport avec la nourriture. Quand j'ai répondu que la compréhension du problème était la première étape, il a répliqué : « Voilà ? C'est tout ? Nous sommes censés croire que le changement se produit en satisfaisant la compréhension de soi ? »

Oui, à la première étape. Le changement véritable sera impossible à moins que vous compreniez que vous vous méprenez sur votre personne. Même si vous avez la chance d'obtenir tout ce que vous pensez vouloir, la personne qui reçoit ces choses – votre notion de vous-même – sera encore condamnée à être pauvre, et misérable et grosse.

Vous pouvez être comblée d'argent, d'amour ou par des cuisses minces, et pourtant vous sentir comme si vous étiez à l'écart de toutes les bonnes choses qui vous font vous sentir vivante. Malgré les circonstances du quotidien, la majeure partie du temps, vos croyances profondes viendront toujours vous définir par ces schémas familiers que vous associez comme étant vous-même. Il sera impossible de maintenir votre poids santé. Il vous semblera trop beau d'obtenir ce que vous voulez.

Quand on vous aimera sincèrement, vous éloignerez cette personne sous prétexte qu'elle est laide, superficielle ou stupide. Vous aurez l'impression d'être un imposteur en train de vivre la vie d'autrui. Et vous vous incarnerez à nouveau dans la peau et la vie d'un être sans amour sous les formes qui vous sont les plus familières.

Jusqu'au jour où vous comprendrez que vous vous dirigez vers les maladies et la mort, que vous vous associez à l'alimentation compulsive et à ses problèmes rattachés, jusqu'à ce que vous preniez conscience que vous vous maintenez, même de façon inconsciente, dans cette position, aucun changement ne perdurera parce que vous aurez combattu vos tendances naturelles. Vous serez en train de neutraliser vos convictions les plus profondes sur la façon de vivre.

La forme de votre corps obéit à la forme de vos convictions sur l'amour, la valorisation et les perspectives. Pour changer votre corps, vous devez d'abord comprendre ce qui le forme. Pas le combattre. Pas le forcer. Pas le priver. Ne pas en avoir honte. Ne rien faire d'autre que de l'accepter – eh oui, Virginia – le comprendre. Parce que si à force d'obligations, de privations et de honte vous devenez mince, vous serez devenue une personne honteuse et craintive qui restera mince pendant au moins 10 minutes.

Quand vous commettez des abus sur vous-même (par sarcasme ou par menace), vous devenez une personne meurtrie, peu importe votre poids. Quand vous pensez être l'incarnation du mal, quand vous dressez une partie de vous contre l'autre, votre volonté de fer contre votre faim insatiable, vous finissez par vous sentir déchirée, atteinte de démence;

vous redoutez que la partie que vous avez mise sous clef, au moment où vous vous y attendrez le moins, prenne le contrôle et ruine votre vie.

Suivre un programme d'amaigrissement dans lequel ses vraies pulsions, si elles le pouvaient, dévoreraient l'univers, c'est comme construire un gratte-ciel sur le sable : sans fondations, la nouvelle structure s'effondre.

Si on veut que le changement soit de longue durée, il doit se faire d'abord sur des plans invisibles. Par la compréhension, le questionnement, l'ouverture d'esprit. Par la conscience que votre mode d'alimentation correspond à des raisons de survie.

Je dis à mes étudiantes que toutes les raisons qui nous amènent à manger sont *toujours* des raisons parfaitement exquises. À moins qu'elles admettent qu'elles sont fondamentalement saines d'esprit, que leurs gestes ont du sens, et que leur tâche est de découvrir les schémas inexprimés, invisibles, inconnus auxquels elles se conforment et qui ne les poussent pas dans la même direction que celle décidée par leur esprit, elles seront en guerre contre elles-mêmes peu importe leur poids. Nous nous centrons sur l'idée de guerre, pas celui du poids, parce que dès que l'idée est dissoute, le poids fait de même.

∼◦

Notre mission n'est pas de changer vos habitudes, mais d'être témoin de vos habitudes avec assez de conscience, assez de curiosité, assez de tendresse pour que les mensonges et les anciennes décisions sur lesquels la compulsion s'appuie deviennent apparents et s'écroulent. Quand vous ne croirez plus que manger sauvera votre vie chaque fois que vous vous sentez fatiguée ou bouleversée ou seule, vous arrêterez.

Quand vous croirez plus en vous qu'en la nourriture, vous cesserez de considérer la nourriture comme étant votre seule planche de salut. Quand la forme de votre corps ne correspondra plus à la forme de vos croyances, le surpoids disparaîtra. Eh oui, c'est aussi simple que cela.

Vous cesserez de vous tourner vers la nourriture dès que vous commencerez à saisir dans votre corps, et non seulement dans votre esprit, qu'il existe quelque chose de mieux. Et cette fois-là, quand vous perdrez du poids, ce sera définitivement.

La vérité, et non la force, parvient à mettre fin à votre désordre alimentaire compulsif.

La conscience, et non la privation, vous informe de ce que vous mangez.

La présence, et non la honte, change votre perception personnelle de vous-même et de votre système d'appui.

Quand vous cesserez de lutter, de souffrir, d'être tiraillée entre la nourriture et votre corps, quand vous cesserez de manipuler et de contrôler, en fait, quand vous écouterez de façon détendue la vérité présente, un sentiment plus grand que votre peur vous soutiendra. Par la répétition d'expériences d'ouverture et de relaxation, vous apprendrez à faire confiance à quelque chose d'infiniment plus puissant qu'un ensemble de règles édifiées par qui que ce soit : votre propre être.

Le poète Galway Kinnell a écrit : « Il est nécessaire parfois de réapprendre la beauté des choses. »

« Les actions que nous accomplissons ici, dis-je à mes étudiantes, ont pour but de réapprendre à voir notre beauté. »

Après avoir terminé les régimes et repris mon poids normal, certaines de mes convictions qui alimentaient ma relation avec la nourriture ont refait surface à cause de mon besoin incessant de réussir et mon incapacité à me reposer ou à me sentir satisfaite de mes réalisations, de mes possessions ou de mes relations affectives.

Peu importe mes pensées, mes actions ou mes écrits, ce n'était jamais bien. Si j'étais malheureuse, si je désirais quelque chose que je ne possédais pas, si quelqu'un d'autre l'avait (quelle que soit la *chose*) et moi pas, je savais qui j'étais.

Là où les autres voyaient l'aurore, je voyais la mort. Là où ils voyaient l'amour, je voyais l'ennui. Là où ils voyaient la paix, je voyais la suffocation.

Le contentement de soi m'énervait. Le bonheur me rendait anxieuse à un point que je ne pouvais m'expliquer. Mais me défaire de ma misère me donnait l'impression de me défaire de mon monde tel que je le connaissais. J'avais le sentiment de trahir l'enfant qui avait grandi désespérée, grosse et seule.

Quand mon mariage tacite avec le malheur commença à émerger par les pratiques que j'ai décrites dans ce livre, j'étais déjà mariée à Matt et je remportais plus de succès financiers et mondiaux que 95 % des gens sur terre. En me regardant, vous n'auriez jamais deviné ce qui se cachait sous la surface. Mais je me retrouvais à fixer mon mari et à penser: « *Qui es-tu? Je déteste tes pantalons, ta façon de manger des céréales. Et pourquoi au juste t'ai-je épousé?* » Puis je regardais mes amis, ma communauté, ma vie et je sentais que je m'étais trompée de peau.

Quand vous croyez inconsciemment que vous êtes fondamentalement viciée, vous pensez par le fait même que vous êtes obligée de cacher ces défauts à la personne qui vous aimera. Vous vivez tout en ayant honte de vous-même. Vous mettez beaucoup d'efforts à compenser votre apparence, votre démarche, vos sentiments. Les décisions vous font souffrir, car si vous, la personne qui prend la décision, êtes démolie et imparfaite, alors comment pouvez-vous faire confiance à votre décision?

Tout en doutant de vos propres impulsions, vous maîtrisez l'art de chercher à l'extérieur le réconfort. Vous devenez experte à trouver des spécialistes et des programmes ; vous savez faire de plus en plus de gros efforts pour changer, mais ce processus confirme seulement l'opinion de vous-même : que vous ne pouvez vous fier à vos besoins et à vos choix. Ainsi abandonnée à vos propres facultés, vous êtes désemparée.

Les régimes sont la matérialisation de votre pensée selon laquelle vous devez racheter vos fautes pour être digne de vivre. Loin d'être à l'origine de cette croyance, ils n'en sont que l'expression. Jusqu'au jour où cette croyance sera comprise et remise en question, nulle perte de poids ne persuadera la partie de vous-même qui est convaincue d'être démolie et imparfaite. Votre définition sur la vie s'accordera parfaitement avec l'idée que vous devez passer votre vie entière à souffrir au moyen de la nourriture.

Vous trouvez normal que la haine conduise à l'amour et que la torture mène à la paix parce que vous fonctionnez selon la conviction que vous devez vous affamer, vous priver ou punir toute méchanceté en vous. Vous ne pourrez pas conserver votre poids santé parce qu'il ne correspond pas à vos certitudes sur le déroulement de la vie en général. Mais, dès que vous remettez en question votre croyance et ses décisions subséquentes, les régimes et les souffrances corporelles cessent d'exercer leur pouvoir de séduction. Seule la bonté devient la chose sensée à faire. Toute autre action relève de l'atrocité.

∽

Vous n'êtes pas une erreur de la nature. Vous n'êtes pas un problème à résoudre. Mais vous ne découvrirez ces vérités que le jour où vous arrêterez de vous frapper la tête sur les murs de la honte, de la solitude et de la peur. Rumi, le poète soufi, a écrit cette réflexion à propos des oiseaux qui apprennent à voler : « Comment apprennent-ils à voler ? Ils tombent, et en tombant, il leur pousse des ailes. »

Si vous attendez d'avoir les yeux de Toni Oliver et les cheveux d'Amy Breyer pour vous respecter, si vous attendez le jour où vous aurez atteint le poids idéal pour être digne de votre respect, cela n'arrivera jamais parce que le message que vous vous envoyez à mesure que vous approchez du but est que vous êtes démolie et imparfaite, et que vous ne pouvez faire confiance ni à vos impulsions, ni à vos souhaits, ni à vos rêves, ni à votre essence, peu importe le poids atteint.

Une étudiante qui a fait une retraite avec moi m'a écrit ces mots :

> *Les changements dans mon corps (j'ai perdu 10 kilos et c'est un début) n'ont pas fait naître les changements dans ma vie. C'est un voyage permanent qui m'oblige à me souvenir... à me sentir vivante et non une morte-vivante... à vraiment vivre des moments magnifiques, de glorieux moments*

de joie pure (et je n'emploie ce mot ni facile-
ment ni souvent)… à sentir l'explosion de
fierté, de force et d'espoir qui déferle quand je
demeure capable de rester en contact avec
mes sentiments au lieu de me mettre sur le
pilote automatique et de plonger dans la
nourriture… d'être capable de me traiter
avec gentillesse, bonté et compassion, au lieu
de me sentir condamnée au pilori… et le plus
beau des cadeaux pour moi… d'être capable
d'éprouver de l'amour pour moi-même – et
de là, pour mes enfants, mon conjoint, mes
voisins. Pendant tant d'années, je savais
combien l'amour de soi était important,
pourtant si j'étais en mesure de le comprendre
sur le plan intellectuel, hélas, jamais sur le
plan émotionnel.

Soit vous êtes disposée à croire en la bonté, soit
vous ne l'êtes pas. Soit vous êtes disposée à croire
à la perfection de votre être, soit vous ne l'êtes pas.
Si vous désirez des ailes, vous allez devoir croire que
votre venue sur terre dépasse vos tentatives sans
fin de perdre ces mêmes kilos, des centaines de
fois, pendant toute votre vie. Et que la bonté et la
beauté résident aussi dans quelque chose d'aussi
banal que votre petit-déjeuner. Commencez dès
maintenant.

Une fois que vous aurez entrepris les premières
étapes, une fois que vous aurez commencé à vous
traiter avec la bonté que vous croyiez autrefois

réservée aux personnes minces ou parfaites, vous allez découvrir que l'amour ne vous a jamais abandonnée.

DEUXIÈME PARTIE

LA MÉTHODE

CHAPITRE SEPT

Des tigres plein la tête

Peu importe que vous ayez réussi dans la vie, peu importe ce que vous racontez sur vos convictions, peu importe que vous vous considériez comme un être raffiné ou spirituel, votre façon de manger révèle tout sur vous.

Quel fiasco !

Mais voyez cela sous cet angle : votre désir de manger, quand vous n'avez pas faim, révèle vos convictions profondes sur votre vie sur terre – toute votre gamme de convictions sur les sentiments, la souffrance, le don, la nourriture, l'abondance, le repos, la satisfaction. Et dès que vous avez déterminé vos convictions, vous pouvez commencer à mettre en doute leur vérité.

Quand vous saisissez le sac de croustilles pour éviter de vivre vos émotions, vous êtes en train de vous dire, en fait : « *Je n'ai pas d'autre choix que de m'engourdir. Il y a des choses qu'on ne peut pas sentir, comprendre ou changer.* » Vous êtes en train de vous dire : « *Il n'y a aucun changement possible, alors moi je mange.* » Vous êtes en train de vous dire : « *Les bonnes choses, c'est pour les autres, sauf moi, alors moi je mange.* » Vous êtes en train de vous dire : « *Je suis complètement nulle, alors moi je mange.* » Ou encore : « *La bouffe est le seul vrai plaisir dans la vie, alors moi je mange.* »

Au début de la remise en question de vos croyances, n'allez pas essayer de les régler, ni de les changer ni de les améliorer. Allez-y une respiration à la fois. Vous notez les sensations que cela provoque dans votre corps, comme le chatouillement, les pulsations, la chaleur, le froid. Par exemple, même si vous avez toujours donné le nom de « tristesse » à cette sensation, soyez curieuse à son sujet comme si elle n'avait pas de nom, pas d'étiquette descriptive, comme si c'était la première fois que vous la ressentiez. Est-ce que la sensation ressemble à un tas de pierres amassées au creux de votre poitrine ? Est-ce qu'elle vous donne l'impression que votre cœur est déchiré ? Une fois notée, est-ce qu'elle s'ouvre ou se change ?

Ces questions construisent un pont entre la personne que vous croyez être et votre nature véritable. Elles font le lien entre les histoires personnelles passées que vous vous racontez et vos sensations qui découlent de votre expérience directe d'aujourd'hui. Elles vous permettent de faire une distinction entre les schémas familiers désuets et l'actuelle vérité vivante.

~~~

J'ai passé des années en thérapie, des années à pratiquer toutes sortes de techniques méditatives. J'ai appris comment malmener mes blessures d'enfance et comment les transcender, comment guérir la souffrance de l'abus et comment contacter la partie de moi qui ne l'avait jamais été. Mais une fois la méditation et la prise de conscience fulgurante teminées, je revenais à ma personnalité de tous les jours, comme si ces deux parties de moi étaient indépendantes.

Bien que l'un des bienfaits promis de la méditation soit le principe du transfert, j'échouais lamentablement. Si je me lançais au milieu d'une discussion, ma sérénité, acquise une demi-heure par jour, s'envolait et cédait la place immédiatement à mes défauts, à mes croyances bien établies : n'aie confiance en personne ; l'amour fait mal ; si je ne m'empare pas de tout, maintenant, il n'y en aura plus pour moi.

La méditation m'enseignait comment transcender ma vie, mais je voulais apprendre comment la vivre de l'intérieur. Et je voulais, comme l'a dit William James, le faire de façon flamboyante et à partir de maintenant. « Sans exception. »

Puis, j'ai étudié la technique Diamond : j'ai appris une nouvelle pratique de réflexion, un processus qui conjuguait la philosophie, la science, la psychologie et la spiritualité, et qui avait évolué sous plusieurs formes durant des milliers d'années. Cette pratique se basait sur le corps et commençait toujours au moment présent et à partir de mon expérience directe. Mon enseignante, Jeanne Hay, me disait : « Vous faites trop d'efforts, vous travaillez trop, vous avez été en thérapie trop longtemps. »

Elle ajoutait : « Au lieu de tout changer d'un coup, essayez plutôt de remarquer ce qui est déjà en vous. Portez votre attention sur vos émotions actuelles. La tristesse. L'ennui. La joie. La faim. Le malheur. L'extase. » Elle affirmait que si je me concentrais sur mes OVNIS (métaphore pour mes vieilles croyances) qui attiraient mon attention, ils changeraient, s'ouvriraient, disparaîtraient.

D'abord, je ne l'ai pas crue. Cette forme de recherche demande d'habiter un sentiment en entier et je pensais, comme le font maintenant mes étudiants, que je me noierais dans la tristesse, que je brûlerais de rage. Je pensais que si je gardais mes sentiments à distance, je pourrais fonctionner, mais que si je faisais cette recherche, j'en serais incapable.

Mais il se trouve qu'il existe une grande différence entre éprouver des émotions et se noyer en elles. Grâce à la conscience (l'habileté à reconnaître que l'on éprouve une émotion) et à la présence (l'habileté à s'investir dans une émotion tout en devinant qu'elle nous conduira ailleurs), il est possible de coexister avec ce que l'on croit capable de nous détruire sans que cela se produise. Il est possible d'avoir des poussées d'émotions comme la colère ou la terreur. Ou encore de petites vagues d'émotions comme la folie ou la tristesse.

Afin de pouvoir être prospères, minces et heureuses, la voie qui conduit de l'obsession aux émotions et à la présence ne passe pas par la guérison de nos blessures d'enfance, ni par la rage, ni la colère. Il ne faut pas non plus essayer de se donner une contenance. La personne que nous croyons être doit être critiquée.

Par ailleurs, comme le refoulement de nos émotions obscurcit notre capacité à nous connaître, les émotions que nous ressentons ne doivent pas servir à blâmer nos parents de ne pas avoir répondu : « Oh ! chérie ! » ni à frapper dans les oreillers en exprimant notre colère à des personnes que nous n'avions jamais confrontées auparavant.

Aussi longtemps que nous resterons la fillette qui a été blessée par l'inconscience d'un parent, nous ne grandirons jamais. Nous ne connaîtrons jamais notre véritable nature. Nous continuerons d'être à la recherche du parent toujours absent et nous ne verrons pas que celle qui cherche n'est plus une enfant.

Dans son livre intitulé *Passionate Presence*, Catherine Ingram raconte l'histoire d'un jeune ami qui lui demandait : « Imaginons qu'il y a mille tigres affamés autour de toi. Qu'est-ce que tu ferais ? » Catherine répondit : « Oh là là ! Je ne sais pas ce que je ferais. Toi, qu'est-ce que tu ferais ? » Son jeune ami lui dit : « Je cesserais de les imaginer ! »

La majorité d'entre nous est tellement captivée par les nombreux tigres dans notre tête – nos histoires de solitude, de rejet, de colère – que nous ne réalisons pas qu'elles appartiennent au passé. Elles ne peuvent plus nous faire de mal. Quand nous comprenons que les histoires qui nous hantent sont simplement cela, des histoires, nous pouvons coexister avec les émotions qui se présentent maintenant telles qu'elles sont dans nos corps. Le picotement, la pulsation, la pression, le poids, la lourdeur, la grosse boule noire de béton dans l'estomac.

Quand nous sommes en contact direct avec nos émotions, nous voyons le lien entre les émotions et ce qu'elles masquent. Nous voyons que nous pouvons dépasser n'importe quelle émotion. Par exemple, quand nous explorons la tristesse, elle peut se convertir en un luxuriant champ de paix. Quand nous nous laissons aller à sentir la pleine mesure d'une colère sans être obligées de l'exprimer, nous sentons grandir en nous une montagne de force et de courage.

～〇

Notre chat Mookie nous avait été donné par un ami qui jurait qu'il était doté d'une nature douce et gentille qui l'empêcherait de sortir de la maison. Mais trois semaines plus tard à observer le chaton qui grandissait, nous avions découvert que le but principal de Mookie, dans la vie, était de blesser et de tuer. Il attaquait notre chienne, Céleste, tous les jours, sautait sur ses pattes arrière et la mordait, même si elle faisait 10 fois sa taille.

Il balançait joyeusement des lézards dans sa bouche, mangeait des chardonnerets en commençant par la tête et en dévorait chaque os, chaque œil, chaque plume. Mookie était un tyrannosaure camouflé dans un corps de chat. Il se pavanait, il détruisait, il rugissait. Il urinait partout. Sur notre lit, sur celui de Céleste, sur les chaises, les tapis, les divans. Au début, je croyais qu'il était malade : une infection de la vessie, une maladie des reins. Mais le vétérinaire diagnostiqua une vessie et des reins en santé. Selon lui, Mookie avait un problème de comportement : « C'est un chat habité par la vengeance.

– Comment cela ? demandais-je. Parce qu'il a été bercé, caressé et nourri aux asperges alors que la majorité du monde crève de faim ? »

Pendant trois ans, j'ai détesté Mookie quand il urinait partout et je l'ai aimé quand il ne le faisait pas. Et comme le disait mon amie Annie, il me rendait la vie impossible parce qu'il était incroyablement beau. Il clignait ses yeux bleu pâle et voilà que je me pâmais devant sa beauté. Il tournait le coin, se plaçait derrière un bouquet de pensées violettes, et ce qu'il y avait de parfait en lui, sa queue duveteuse, ses minuscules oreilles grises, ses longues moustaches me bouleversaient. J'ai toujours eu un léger problème à choisir la fonction au détriment de la forme.

À 28 ans, je gagnais 350 dollars par mois qui servaient à payer le loyer, la nourriture, l'essence, les livres et le cinéma. Mais le jour où j'ai vu le petit cottage sur la falaise, surplombant l'océan, dont le loyer était à 325 dollars par mois, j'ai décidé de crever de faim plutôt que de vivre ailleurs. Alors, Mookie savait y faire avec moi parce qu'il était beau. «Mais c'est le problème, me dit une autre amie. Il pense que tu l'aimes parce qu'il est beau. Il veut qu'on l'aime pour ce qu'il est. Pas pour son apparence. Il urine pour mettre ton amour à l'épreuve.

– C'est ridicule», m'exclamai-je.

Matt et moi avons tout essayé pour mettre fin à cette mauvaise habitude. Nous avons acheté des détecteurs de mouvement en cannettes pressurisées, un générateur d'aérosol: chaque fois qu'il approchait de l'un de ses endroits favoris, la cannette projetait un jet qui le terrorisait à mort. Alors, il a appris à uriner entre les jets. Nous avons ensuite acheté le gadget Anti-Icky Poo pour désodoriser nos chaises, notre divan et notre lit de l'odeur d'urine de chat. Nous avons aussi branché de petits diffuseurs d'essence Feliway qui répandaient dans la maison une hormone qui devait rendre Mookie si heureux au point de cesser d'y uriner. Nous l'avons réprimandé à haute voix, nous avons discuté avec lui ; finalement, ne sachant plus quoi faire, nous sommes allés consulter trois vétérinaires.

Il a continué d'uriner. Je me mettais en colère, le sortais de la maison pendant une heure ou deux, le menaçais de le donner et ensuite je revenais à de meilleurs sentiments, je flanchais. Je me sentais comme une bonne poire, une mauviette, me disant toujours que la prochaine fois qu'il urinerait sur la chaise, ce serait la dernière et qu'il faudrait s'en défaire.

Un jour, il entra dans mon nouveau salon d'écriture, sauta sur le divan tout neuf et urina. J'ai hurlé, l'ai attrapé en pleine action et l'ai lancé hors de la maison. *Espèce de salaud*, me disais-je. *Espèce d'ingrat. Tu es un horrible monstre aux yeux bleus. C'en est assez. Tu pars.* Il revint une heure plus tard en clignant ses yeux irisés, mais je ne cédai pas. Mon cœur était d'acier. J'avais cessé d'être la bonne poire d'un bellâtre.

Ce soir-là, au dîner, il ne s'est pas présenté à la porte arrière, même quand nous avons secoué son sac de nourriture en faisant le tour de la cour. À part tuer, Mookie adorait manger. Tous mes animaux de compagnie sont des mangeurs compulsifs et Mookie ne faisait pas exception.

Si je laissais sur le comptoir une courge musquée crue, il en prenait une bouchée. Il traînait de la voiture une baguette de pain, en déchirait le sac et dévorait le tout, ne laissant que des miettes. Il mangeait des avocats, des cerises, des navets. Et il n'a jamais manqué un seul de ses repas. Pas un seul.

Il n'est pas revenu à la maison. Nous avons marché, regardé, secoué, cherché partout. Pas de Mookie. J'étais convaincue que ma colère excessive ne le ferait jamais plus revenir. Ou alors que ma colère avait déclenché sa colère et qu'il était tellement en furie qu'il s'était enfui. Décidé à se trouver un meilleur refuge, de nouveaux lieux où uriner.

Au lever du jour, je sortis par derrière à la recherche de Mookie, et comme je passais devant un arbuste, je le vis étendu comme s'il allait sauter sur un lézard. « Mookie ? », ai-je fait. Mais il ne bougea pas. Mon cœur battait la chamade. Je courus chercher Matt :

« Viens, viens, j'ai trouvé Mookie, mais ça ne va pas. » Matt le toucha : « Il est froid. Il est mort », dit-il. Et nous avons éclaté tous deux en sanglots. Nous serrant l'un l'autre. À pleurer un long moment. Puis je dis : « Je l'ai tué. Ma colère l'a tué.

– C'est ridicule. Il n'a jamais sauté un repas même quand tu étais fâchée contre lui.

– Alors, il est mort de froid. Il n'a jamais passé une nuit dehors.

– Mais c'est l'été. Il ne fait pas froid, comment peut-il être mort de froid?

– C'est possible, tout est possible», ai-je murmuré.

Nous l'avons conduit chez le vétérinaire pour une autopsie. J'avais besoin de connaître la cause de sa mort. En attendant les résultats, je m'inondais de reproches. Je lui avais crié des injures et il n'était jamais revenu. Si seulement je l'avais gardé à la maison, il ne serait pas mort. Je suis une personne horrible. J'ai trop de colère. Pas étonnant que Mookie tuait d'autres bêtes. Il s'en est pris à moi.

Je me rappelai ce qu'un vétérinaire m'avait dit sur les animaux: ils prennent à leur compte les maladies de leurs propriétaires afin que ces derniers soient en santé. Il tuait les colibris au plumage moucheté de vert pour ne pas que je tue quelqu'un, comme mon entrepreneur, le minable, entre autres. Je savais que ma rage serait destructrice un jour. Cela arriva finalement. Et il est mort d'une mort affreuse. Affreuse. D'une mort affreuse. J'étais une personne affreuse.

Le lendemain, le vétérinaire nous téléphona et nous annonça que Mookie était mort d'une crise cardiaque: «Je pense qu'il avait une maladie du cœur à la naissance, déclara-t-il. Il n'est pas mort de froid. Et il n'est pas mort le cœur brisé comme vous semblez le penser. L'aorte de son cœur était bloquée. Ses jours étaient comptés dès sa naissance. Songez à ceci: il mangeait tout ce qui ne pouvait pas le manger et il se vengeait sur chaque être vivant qu'il croisait. Pour Mookie, c'était ça la belle vie. »

Pour Matt et moi toutefois, ce fut un choc. La mort nous entourait. Comment Mookie pouvait être si vivant un jour, et mort le lendemain ? Où était-il allé ? Pourquoi ne remuait-il pas sa queue ou ne mordait-il pas les pattes de Céleste qui courait dans la cour, ce qu'elle faisait plus librement maintenant que Mookie ne se cachait plus derrière les fougères, prêt à lui sauter dessus.

« L'écart entre un être vivant et un être mort surpasse la différence entre toutes les réalités qui s'opposent », me déclara mon amie Catherine. Il est mort. Il est parti. Je ne pouvais plus le rattraper. Cela n'aurait pas dû arriver. Il n'avait que trois ans. J'aurais voulu me plaindre à l'ami qui nous l'avait donné. M'en procurer un qui soit sans défaut.

La troisième journée, pendant que je me fouettais l'ego avec la même force que pour des blancs d'œuf montés en neige, je me suis souvenue de la vérification. Enfin presque. J'ai rendu visite à ma professeure Jeanne et *elle* s'est souvenue de la vérification. Pendant que je déblatérais sur ma situation qui était si épouvantable, sur mon état d'âme qui était si affreux, elle m'interrompit et me demanda de but en blanc : « Comment te sens-tu dans ton corps ? »

La première étape de la vérification est de vous soustraire de votre situation actuelle et de vous faire revenir à votre corps. Il peut vous livrer tous les renseignements nécessaires.

« Mon corps ? demandais-je. Maintenant ? » Comme si les neurones de mon cerveau n'avaient pas su déchiffrer la combinaison des voyelles et des consonnes.

« Oui, répondit-elle. Qu'est-ce qui se passe dans ta poitrine ? Dans ton plexus solaire ? Que sens-tu ? »

En dépit de l'habituelle dérobade, « maintenant » est toujours mieux que l'histoire elle-même. Toujours. Parce qu'il n'y a pas moyen de discuter, de dévier ou de manipuler une histoire de façon décousue.

Dès que je fis passer mon attention de ma vie de feuilleton à la Barbara Cartland, à mon état physique tel quel, je sentis dans mon corps une impression-choc de relaxation et de calme. C'était comme si mon corps avait respiré l'air neuf du printemps. Sans obstacle. Sans pollution.

Quand Jeanne me demanda à quel point mon esprit était clair, je conclus à quelque chose que je ne voulais pas voir : il n'y avait rien qui clochait. Mookie était mort et tout allait bien. Mes perceptions sur la mort, ma personnalité déficiente, mes tendances criminelles se heurtaient à la vivacité de mes sensations senties dans mon corps.

À mesure que ma curiosité sur mon espace intérieur augmentait, un sentiment de bienveillance envahit mon corps, la pièce, la maison. J'avais compris que Mookie avait vécu le temps qu'il fallait. Que sa mort n'avait rien à voir avec ma valeur ou mon manque de valeur. Ma compréhension ne se faisait pas au niveau intellectuel, mais au niveau du ressenti; c'était une certitude exprimée par mon corps entier.

La clarté lumineuse se transforma, non pas en une substance collante, mais en une dense et épaisse obscurité, presque palpable dont les effets sur moi se traduisaient par la tranquillité et la paix.

Plus j'entrais dans cet état de tranquillité, plus j'avais l'impression d'être sans limites, immense. Je remarquais des signaux lumineux de tristesse qui voyageaient à travers l'obscurité. Ne plus revoir le minois de Mookie allait me manquer. Je sentais sa présence. Mais cette sensation était différente de mon tourment. Différente de ma conviction que ce qui était arrivé n'aurait pas dû ou que c'était ma faute.

Passer du dégoût de soi à l'absence de soi. Passer de l'enfer à la paix en 20 minutes. Tu parles d'une contradiction des expériences!

Je me rends compte que cela sonne incroyable. Impossible.

Comment peut-on passer du blâme à la paix aussi rapidement?

La base de l'explication repose sur la clarté. Elle

est saturée de paix, ce qui explique la réussite de la vérification. Quand on croit sa version personnelle des événements, c'est comme s'asseoir devant les chutes Niagara avec des œillères sur les yeux et des bouchons dans les oreilles, et croire que l'on regarde un mur. Ce n'est pas parce que vous ne pouvez pas voir la fête continuelle, que vous ne pouvez pas sentir le dynamisme, que vous ne pouvez pas entendre le bruit des chutes qu'elles n'existent pas.

Ce qui est encore plus incroyable que la conversion du blâme en paix, c'est que nous passons la majeure partie de notre vie avec des œillères sur les yeux et des bouchons dans les oreilles, et nous croyons que c'est cela la vie. Nous nous fabriquons une vie décourageante, répétitive, sans enthousiasme, sans passion, à moitié morte, comme si elle ne pouvait pas nous apporter plus, et voilà que nous doutons devant quiconque nous dit d'ouvrir nos yeux et d'admirer les chutes Niagara.

Il existe une autre façon de vivre, en distinguant ce qui se camoufle sous notre interprétation de la réalité, mais cela demande de remettre en question les multiples suppositions que nous tenons pour vraies. Mais c'est une chose que la plupart d'entre nous n'a jamais osé ou même songé à faire, ne serait-ce qu'une fois.

Cette interrogation combine à la fois le processus et le but de la vérification.

Quand je consens à questionner et, par conséquent, à ressentir ce qui se cache là – la terreur, la
haine, la colère – avec intérêt, les émotions se calment
parce qu'elles sont reçues avec gentillesse et franchise
plutôt qu'avec résistance et rejet. À un point tel que
mes émotions m'apparaissent familières, les ayant
déjà ressenties en situations similaires : le sentiment
d'être écartée, rejetée, abandonnée. Toutefois, ma
volonté de les accepter va créer un scénario complètement différent de ceux qu'elles avaient tendance à
générer.

Les émotions négatives récurrentes, celles qui
tournent en cercles sans fin et sans changement,
représentent les nœuds non résolus du passé, qui
ont figé avec le temps pour la raison précise qu'elles
n'ont pas été accueillies avec bienveillance et approbation.

Pouvez-vous imaginer combien votre vie aurait
été différente si, dans votre enfance, chaque fois que
vous étiez triste ou furieuse, un adulte vous avait
écoutée : « Viens ici, ma chérie, dis-moi ce qui ne va
pas. » Quand votre meilleure amie vous rejetait
et que vous éprouviez de la colère, si quelqu'un avait
été réceptif à ce que vous ressentiez : « Chérie,
raconte-moi. Dis-moi où sens-tu tes émotions dans
ton corps ? Dis-moi ce que tu sens dans ton ventre,
dans ta poitrine. Je veux savoir jusqu'au moindre
détail. Je suis ici pour t'écouter, te soutenir, t'accom-
pagner. »

Toute émotion veut être accueillie avec tendresse. Elle veut de la place pour s'exprimer. Elle veut se calmer et raconter son histoire. Elle veut disparaître comme le feraient des serpents frétillants qui, sous un léger souffle de bonté, se transforment en brindilles inoffensives.

~⌐

Je dis à mes étudiantes qu'elles doivent se souvenir de deux choses : manger ce qu'elles veulent quand elles ont faim et vérifier leurs émotions quand elles n'ont pas faim. La vérification, la partie des émotions ressenties, vous permet de sonder vos émotions au lieu que ce soient elles qui vous dominent.

Annie, une étudiante, nous racontait : « Ma plus jeune fille vient de partir pour le collège. J'ai construit ma vie autour d'elle ; mon identité est d'être maman. Je ne peux plus supporter le vide de la maison. Elle me manque. Je mange pour compenser son absence. Je me sens tellement seule. »

Je lui demande si elle peut me dire si son émotion physique actuelle diffère de l'émotion qu'elle est censée ressentir. Dans ses yeux comme dans ceux de toutes les personnes présentes dans la pièce, le regard est vide. C'est la partie – pressentant la raison pour laquelle elles mangent afin de l'éviter – à laquelle les personnes résistent le plus : elles résistent à leur poids, puis elles résistent à leurs émotions, et enfin, la majorité d'entre elles résistent à l'idée que la non-résistance est meilleure. Que le remède contre la douleur est la douleur.

Elle me regarde d'un air absent. Je suis certaine qu'elle pense que le départ de sa fille l'a déjà anéantie et que maintenant je lui demande de sentir encore davantage son anéantissement.

« Pas question, riposte-t-elle, je ne m'en remettrai pas si je fais ça.

– C'est votre version, expliquai-je, et je comprends pourquoi. Mais dites-moi si vous sentez actuellement de la solitude dans votre corps. Dites-moi si elle a une couleur. Dites-moi si elle a une forme. Dites-moi si elle émet des picotements, des vibrations ou des pulsions quand vous vous sentez seule. »

Elle ferme les yeux. Elle donne une description : « Ma solitude est noire. Elle est si épaisse que j'ai l'impression qu'elle va absorber tout ce qu'elle touche. Elle va tout faire disparaître. »

Je lui demande ensuite comment la noirceur l'affecte quand elle se laisse aller à la ressentir. « Parlez-moi de la noirceur, dis-je, juste de la noirceur sans vos réactions, sans les détails, sans vos idées sur elle.

– Eh bien, décrit-elle, quand je perçois la noirceur toute seule, elle me donne l'impression d'un espace. Elle m'apparaît tranquille, profonde et paisible comme si elle flottait dans un espace ouvert. Sans gravité. Librement. »

Puis elle se met à pleurer: «Je ne veux pas être seule là-bas, dit-elle. Je ne veux pas flotter toute seule.»

Je lui demande ce qu'il y a de si terrible au sujet de cette obscurité pourtant calme, paisible.

Elle répond: «Ma mère me faisait garder par mon oncle. Très, très souvent. Il était sale, répugnant et il sentait l'alcool. Une fois, il m'a touché la poitrine, mais je l'ai mordu au doigt. Quand j'ai raconté à ma mère ce qui s'était passé, elle m'a répondu que c'était mon imagination. Que c'était son frère et qu'il ne ferait jamais cela. Je détestais quand on me laissait seule avec lui. Elle ne me croyait pas. Je me sentais seule au monde. Je pensais que les adultes étaient déments. Ils blessaient des gens, ils mentaient. J'étais seule au monde.»

Voici la partie difficile pour tout le monde, pour moi. S'apercevoir que les associations que nous faisons avec nos émotions appartiennent au passé. S'apercevoir que nous évitons nos émotions à cause de l'interprétation que nous en faisons. Le ressentiment fait mal, la tristesse fait mal, mais ce ne sont pas les émotions qui nous détruisent. C'est ce que nous nous racontons à leur sujet. C'est notre perception de l'émotion actuelle vue avec le recul du temps. À travers les yeux d'une enfant.

Comme je connais Annie personnellement, je sais aussi qu'elle a fait plusieurs années de thérapie afin de se libérer des abus de son passé. Si, pour elle, les émotions reliées à ces événements ne sont plus nouvelles ou de fraîche date, par contre, la compréhension de l'association entre la solitude et l'abus l'est. Pour qu'elle puisse prendre possession entière de sa vie, de son pouvoir personnel, de sa propre présence, elle a besoin de voir le lien qu'elle a créé entre sa solitude passée et sa solitude actuelle. Elle sera alors apte à voir qu'elle passe son temps présent à craindre une peur du passé.

~⁓

Quand vous vérifiez vos émotions, vous commencez par les événements du moment présent : vous avez envie de manger une pizza entière ou même vous avez envie de vous traîner jusqu'à votre lit et d'y rester les 50 prochaines années. Vous ne tenez pas pour acquis que vous savez ce qu'il faut faire ni où il faut aller. Vous développez votre curiosité sur vos émotions et vos sensations. Vous écoutez votre corps. Vous cessez de vous contrôler.

Toute vérification débute par le désir de découvrir en vous quelque chose que vous ne connaissez pas. Car si vous pensez savoir déjà ce qui cloche et comment le régler, vous n'avez pas besoin de faire de vérification. Votre désir de découvrir en vous une chose inconnue déclenche votre curiosité ; il augmente votre ouverture. Il aborde la partie de votre être, non pas celle qui est un ramassis de croyances, d'idées, de perceptions de soi, d'histoires, d'identifications désuètes, mais celle qui est déjà imprégnée de paix, de clarté, de compassion, la partie des chutes Niagara.

La vérification est un processus qui fait appel au corps et non à l'esprit. Vous sondez comment vous vous sentez à l'intérieur de votre corps, de vos bras, de vos jambes. Vous notez les sensations ainsi que l'endroit où elles se logent. Sensation, localisation, sensation, localisation. Si par exemple, vous êtes triste, demandez-vous où ce sentiment se loge dans votre corps.

Vous sentez un tas de pierres grises dans votre poitrine, et tout à coup surgit la croyance que : « L'amour n'arrive qu'aux autres, sauf à moi. » Votre curiosité est piquée à propos de cette croyance. Quel âge aviez-vous quand vous avez appris cela ? Et quels étaient vos sentiments à l'époque, qui n'ont jamais été remarqués ni sentis ni compris ?

Parfois, quand je demande aux étudiantes ce qu'elles ressentent dans leur corps, elles n'en ont aucune idée. Cela fait quelques années-lumière qu'elles ont senti quelque chose à l'intérieur ou sur leur corps et c'était ou un jugement ou une aversion. Il est souhaitable ensuite de poser quelques questions qui vous permettront de vous concentrer sur les sensations.

Vous pouvez vous demander si l'émotion a une forme, une température, une couleur. Vous pouvez aussi vous demander quelle réaction provoque en vous cette sensation. Et comme aucune émotion ne reste stable, vous continuez de noter les changements qui se produisent dans votre corps à mesure que vous vous posez ces questions.

Si vous n'obtenez pas de réponse, c'est que vous êtes en train de réagir à une émotion particulière, vous ne voulez pas vous sentir ainsi, vous souhaiteriez plutôt être heureuse, vous n'aimez pas les gens qui se sentent ainsi ou vous êtes bloquée par des pensées de comparaison ou de jugement.

Si les émotions se passent au niveau du corps, les réactions, elles, se situent dans la tête; une réaction est une déduction mentale d'une émotion. (Et les croyances sont des réactions tellement répétitives que nous les tenons pour vraies.) Afin d'éviter toute émotion désagréable, souvent le cerveau va fulminer et divaguer, et nous déclamer combien tout cela est affreux.

Voici certains de ses messages: *La douleur n'aura jamais de fin. La tristesse aura raison de moi. Si je me laisse aller à l'émotion, je serai incapable de fonctionner.* Maintenant que vous savez que ces sortes de réactions vont surgir, vous pouvez être à l'affût et continuer votre vérification.

Soyez précise: «Je sens peser un tas de pierres grises sur ma poitrine» au lieu de «je sens quelque chose d'étrange et de lourd.» N'essayez pas de diriger le processus en ayant des préférences ou une idée en tête. Laissez la vérification se diriger dans sa propre direction. Remarquez toute émotion qui monte, même si elle vous surprend : «Oh! Je croyais que j'étais triste, mais maintenant je vois que c'est de la solitude que je ressens. J'ai l'impression d'avoir un paquet d'élastiques dans l'estomac.» Accueillez les élastiques. Faites-leur de la place. Surveillez ce qui va suivre.

De temps à autre, revenez à vos sensations directes du corps. Portez votre attention sur les pensées que vous n'avez jamais confiées à quiconque, aux secrets que vous avez gardés pour vous seule. Ne vous censurez pas. Ne vous découragez pas. Il faut un certain temps pour faire confiance aux réponses immédiates de la vérification, d'autant plus que nous sommes tellement habituées de tout diriger avec notre tête.

Il peut être utile, quoique non nécessaire, d'entreprendre la vérification avec un guide ou un partenaire parce que, dans ce cas, vous pouvez avoir un témoin en chair et en os qui vous ramènerait à la sensation et à la localisation.

Par-dessus tout, rappelez-vous que la vérification n'a pas pour but de découvrir des réponses à des problèmes complexes, mais de révéler des sensations par un processus direct et sensoriel. La vérification est activée par l'amour. Elle veut savoir qui vous êtes quand vous n'êtes pas dominée par votre passé. Cela ressemble à un plongeon dans le secret de l'existence elle-même, parce que pleine de surprises, de détours et de routes secondaires.

En expérimentant la vérification, vous désirez percer l'inconnu, comprendre l'incompréhensible. Aussi quand vous faites appel à la curiosité et à la franchise dénuées de jugement, vous vous alignez sur la beauté, la joie et l'amour – pour leur propre salut. Vous devenez la bienveillance divine en action.

CHAPITRE HUIT

La mariée de l'émerveillement

La première fois que j'ai entendu parler de la méditation dans les années 1970, ce fut par David qui étudiait avec un petit gourou plein aux as. David et ses camarades de méditation vivaient tous dans une maison à New York où ils pratiquaient le célibat et la méditation ; le premier terme, selon le petit gourou, étant le préalable du second. David m'expliquait que lorsqu'il méditait, il semblait aspiré vers des courants d'air chaud.

Comme un aigle tournoyant en cercles nonchalants : « Ton esprit se calme, disait-il, et quelque chose d'autre de doux, de brillant et de saint prend le dessus. » J'étais prête à m'inscrire quand le bras de David m'enserra autour du cou et qu'il empoigna mon sein d'un geste sacré. Je retirai sa main et lui dis d'aller au diable.

Quelques mois plus tard, je me retrouvais en Inde, où j'appris la méditation grâce au mantra : il fallait répéter sans cesse une phrase pour calmer l'esprit. Mais la phrase « So-ham », qui signifie « Je suis ce » (qui est éternel, sans condition, au-delà du temps et de l'espace), était en sanscrit et résonnait beaucoup comme « Ho-hum », et peu importe combien de fois je le disais, je tombais endormie.

Depuis, j'ai essayé des douzaines de techniques de méditation : la méditation des rayons lumineux, la méditation de visualisation avec représentation mentale, la méditation des mantras à syllabes multiples. J'ai aussi essayé la méditation bouddhiste du Tibet, la méditation soufie, la méditation antiméditative taoïste. Même si aucune de ces méditations ne m'apporta ce que je pensais qu'elles auraient dû faire, c'est-à-dire convertir mon esprit en une mer de béatitude, je vous recommande malgré tout de vous exercer à la méditation.

Voici un bref aperçu de ses bienfaits.

La nuit dernière, je suis allée au lit de très bonne humeur. Matt était de retour d'un voyage d'affaires après une absence d'une semaine ; une douzaine de pivoines du jardin étaient écloses, et j'avais bien travaillé sur mon livre. De plus, la planète avait survécu une autre journée sans désastre nucléaire. La vie était belle.

Puis arriva le milieu de la nuit. Mon cerveau, qui avait été au calme durant les 86 fois précédentes où je m'étais réveillée, commença sa musique familière. Et voici en gros ses ritournelles préférées :

Joe (notre entrepreneur qui avait posé un toit qui prenait l'eau) ne m'avait pas rendu mon appel téléphonique. Je gage qu'il ne le fera pas. Je vais devoir téléphoner à un avocat, mais cela va nous coûter tellement cher pour les frais de ce maudit avocat que par le temps que j'aurai craché les billets pour ses factures, j'aurais pu avoir un nouveau toit. Cet enfoiré d'entrepreneur.

Il faut que j'appelle l'avocat demain matin à la première heure. J'ai mal à la gorge. Je me demande quels sont les symptômes du cancer de l'œsophage ? Est-ce j'ai oublié d'éteindre mon ordinateur ? Peut-être que je devrais chercher les symptômes du cancer de la gorge.

Je vieillis. Je vais bientôt mourir, et comme Matt va partir le premier, je vais rester seule. Les hommes partent toujours les premiers. Pourquoi n'avons-nous pas eu d'enfants ? Je connais des gens qui disent que faire des enfants pour s'occuper de vous quand vous êtes âgés et seuls n'est pas une raison suffisante, mais à quoi pensions-nous quand on nous a dit cela ? Peut-être qu'il n'est pas trop tard pour l'adoption.

Nous pourrions aller en Russie, même dans la ville d'où venaient nos grands-parents. Si nous savions laquelle et où c'est. Lettonie? Minsk? Est-ce que ce sont les noms exacts? Il faudrait y passer des mois. Au moins nous pourrions boire de la vodka, mais d'abord il faudrait que j'en aime le goût.

Il est tard, je dois me rendormir. Je pense que je vais boire un verre d'eau. De l'eau. La Californie a subi son printemps le plus sec depuis 156 ans. Il n'y aura plus d'eau bientôt. La planète va se dessécher ou finir noyée sous l'eau. Et dire que nous vivons dans la partie desséchée. Oh! bon sang. Je devrais apprendre à manger des racines, des chicots, des souches et des feuilles, dès demain. Au cas où Matt mourrait et que je sois vieille et seule, et si je n'ai pas appris à manger des chicots encore? À la première heure demain, je vais sur Google chercher les sites d'adoption pour la Russie. Ensuite, je téléphonerai à l'entrepreneur. Ou peut-être à l'avocat.

Ce sont les divagations d'une personne paranoïaque, apeurée, amère. Quelqu'un à qui vous ne voudriez pas confier vos enfants. Et c'était pourtant la moins pire de mes nuits.

Après des décennies de méditation, mon cerveau, laissé à lui-même par défaut, ne monte pas en flèche comme un aigle. Et durant les 10 premières années de ma pratique, je fus amèrement déçue par mon manque flagrant de progrès. J'avais espéré que la méditation allait me raffiner, transformer ma colère et me faire devenir, oh, une personne différente. Quelqu'un comme le personnage du film *Rendez-vous au paradis*, interprété par Meryl Streep, qui courait dans les édifices en feu pour sauver les malades et les enfants. Mais il s'avère que c'est impossible.

L'esprit, comme le dit Catherine Ingram, est dément. Et c'est une bonne nouvelle. Parce que dès que vous avez accepté la folie, dès que vous cessez de vouloir réformer ce qui ne peut l'être, vous pouvez vous concentrer sur ce qui est sain. Ce qui, selon moi, est l'un des objectifs principaux de la méditation.

La nuit dernière, par exemple, en même temps que je trouvais des défauts à mon univers immédiat, il y avait une petite voix qui savait que mon cerveau jouait ses rengaines habituelles et que je n'avais pas besoin de les écouter. Je les avais déjà entendues auparavant; elles commençaient par les chansons classiques: «Ils m'ont fait du mal» ou «je leur ai fait du mal» ou encore «une catastrophe majeure est en route». Le refrain «Mourir seule» est aussi l'un de mes préférés, mais fait partie du pot-pourri «les catastrophes» comme sous-catégorie des «catastrophes personnelles».

Une participante me demanda: «Pourquoi diable quelqu'un voudrait faire de la méditation?

Pourquoi voudrais-je m'asseoir tranquillement tandis qu'il y a tant de choses à faire, et tant de choses infiniment plus attirantes ? » Une autre ajouta : « Mon cerveau est la partie la plus intéressante chez moi. Il me différencie des autres personnes. C'est grâce à lui que j'ai pu obtenir mon diplôme de l'Université Harvard avec mention très bien. Pourquoi voudrais-je me concentrer sur autre chose que mon cerveau extrêmement brillant ? »

Et la réponse, la voici : Le cerveau est utile quand nous devons conceptualiser, planifier, élaborer des théories. Mais quand nous dépendons de lui pour guider notre vie intérieure, nous sommes perdues. Le cerveau est excellent pour présenter un millier de variations différentes du passé et de les conjuguer au futur. Et ensuite pour nous effrayer avec la majorité d'entre elles.

La plupart du temps nous ne remettons pas en question notre cerveau. Nous croyons en ses fantaisies. Nous avons une pensée (mon entrepreneur ne me rappellera jamais plus) qui fait naître une émotion correspondante (de colère, d'anxiété, de blâme), et nous nous retrouvons tout à coup au téléphone avec l'avocat, convaincues que nous avons embauché un bandit qui est en route vers le Costa Rica avec notre argent. Le salaud.

Ou encore nous passons devant la vitrine d'une boulangerie où nous voyons des éclairs au chocolat et nous sommes soudain convaincues qu'il faut en manger un sur-le-champ. Convaincues que notre mission, dès notre naissance, était de nous tenir devant cette vitrine-là, et d'entrer dans la boulangerie pour acheter cet éclair au chocolat et le manger. Être transportées dans le royaume de la félicité.

En revanche, la méditation développe la capacité de pouvoir remettre en question votre cerveau. Sinon, vous êtes à la merci de chaque pensée, de chaque désir, de chaque vague d'émotions. Vous devenez déséquilibrée, dépendante selon que les choses vont bien ou non ce jour-là. Selon qu'on vous a rejetée ou non ce jour-là. Si aucun incident ne vient faire déclencher le pot-pourri « ils m'ont fait du mal » et « je suis grosse, sans amour et je serai toujours comme ça », vous allez passer une bonne journée sans vous empiffrer.

Mais si en passant devant le miroir, vous n'aimez pas ce que vous y voyez, si vous vous disputez avec votre amie, votre partenaire, votre patron, votre enfant, vous n'irez nulle part sauf dans votre cerveau, ce qui signifie d'habitude que vous allez écouter l'une de ses mélodies familières déprimantes. Et croire chacune de ses paroles.

Par contre, quand vous prenez le temps d'observer votre cerveau, vous prenez conscience des pots-pourris familiers et vous voyez, au loin, un observateur qui contemple les pots-pourris: le calme. Après un certain temps, l'influence bénéfique du calme déteint sur vous et gagne sur vos pots-pourris préférés. Vous commencez à apprécier de ne plus être une victime hystérique. Vous appréciez la tranquillité. Vous appréciez l'espace. Vous appréciez la paix.

La méditation vous aide à découvrir des choses que vous aimiez, mais que vous ne saviez pas parce que vous étiez si prise par les pensées négatives de votre cerveau que vous ne réalisiez pas qu'il y avait autre chose. La méditation est précieuse en ce qu'elle vous aide d'abord à découvrir, et ensuite elle vous ramène vers les choses que vous aimez.

~

Dans son poème « Quand la mort arrive », Mary Oliver écrit : « Quand ce sera fini, je veux dire : toute ma vie, j'ai été la mariée de l'émerveillement. »

Moi aussi je veux une vie comblée par l'émerveillement. Je veux être présente pour ce que Zorba le Grec appelait « la catastrophe totale ». Et après avoir vécu des décennies mariée à l'obsession et à la souffrance intérieure, j'ai découvert que mon mariage avec l'émerveillement veut dire être présente dans le seul endroit à partir duquel je peux l'expérimenter : ici, maintenant, dans l'instant même.

Habituellement, quand les gens entendent le mot méditation, ils pensent qu'elle va les faire monter plus haut que l'avion assourdissant dans le ciel. La forme de méditation dont je parle n'a rien à voir avec la transcendance, ni le départ, ni la transformation de soi d'aucune façon, mais concerne tout à fait son contraire : être présente là où vous êtes déjà.

~~◦

Durant mes retraites, j'enseigne une méditation simple qui utilise la respiration comme point d'ancrage, ce qui suppose que toute personne satisfait aux conditions requises, de ce fait. À l'aide de la concentration, il faut viser l'espace entre l'os pubien et le bas du sternum, c'est-à-dire le ventre.

Oh ! Oh !

La simple mention du mot est suffisante pour que certaines d'entre nous quittent la salle en criant. Nous détestons la partie qui est « située en bas », et paradoxalement, c'est pourquoi nous nous croyons folles. L'abdomen est situé au centre du corps et en représente son centre de gravité. (Les philosophes orientaux croient que l'abdomen est le centre de l'esprit et que l'âme y réside.)

Lorsque nous sommes à l'affût des sensations de l'abdomen – les pulsations, les picotements, les vibrations, le froid, le chaud, l'engourdissement – nous prenons conscience que nous sommes indéniablement et viscéralement vivantes. Nous sentons donc la présence physique de la force vitale dans notre ventre.

Quand vous ne tenez aucun compte de votre abdomen, vous n'avez plus de point de repère. Vous passez votre vie à essayer de nier votre propre existence. De vous excuser. De vous sentir comme un fantôme. De manger pour occuper l'espace, de manger pour vous donner le sentiment que vous avez du poids ici, que vous avez votre place ici, que vous avez le droit d'être vous-même, mais sans y croire parce que vous n'avez pas de sensation directe de vous-même.

Au cours d'un exercice que j'enseigne durant la retraite, il s'avéra que le besoin de la méditation abdominale devint très évident. J'avais donné à chaque étudiante du ruban rouge, environ un mètre et demi, avec lequel elles devaient former un cercle autour d'elle et s'y asseoir au centre. J'avais aussi donné ces consignes : « Ce cercle sera votre espace. Vous pouvez faire le cercle aussi petit ou aussi grand que vous le désirez. Dès que vous attacherez les deux bouts du ruban, vous allez imaginer que votre énergie circule du centre à la périphérie du cercle. »

Des consignes simples, un exercice élémentaire. Au moins cinq personnes commencèrent à pleurer dès qu'elles eurent terminé leur cercle. « Je n'ai jamais pensé que j'avais le droit d'occuper mon espace », dit une participante.

– Mon cercle n'est pas assez grand, répliqua une autre. Je me suis retranchée dans un si petit coin de mon corps pendant 30 ans que maintenant j'ai l'impression d'avoir besoin d'une salle entière. Est-ce que vous avez encore du ruban ? Est-ce que je peux déménager dans le couloir ? »

Une autre personne avait du mal à faire son cercle près de son corps : « Je n'ai pas l'impression que je suis censée avoir un corps, dit-elle. Prendre de l'espace ici, ce n'est pas bien. »

Mes étudiantes sont mères, enseignantes, médecins, actrices, psychiatres, psychologues, avocates, étudiantes de collège, femmes sages, créatrices, cadres. Elles ne sont ni plus ni moins névrotiques que le reste d'entre nous. Et pourtant. Un ruban rouge acheté chez Walgreens a révélé de façon très imagée qu'elles n'occupaient pas le centre de leurs propres vies. Qu'elles ne sentaient pas qu'elles en avaient le droit.

Après cette expérience, j'ai commencé à enseigner une méditation abdominale simple durant laquelle je demandais aux participantes de prendre conscience des sensations dans leur ventre (l'engourdissement et le vide comptaient pour des sensations) À celles dont l'esprit s'égarait au beau milieu d'un couplet ou qui restaient enlisées dans un pot-pourri mental, je leur demandais de compter leurs respirations afin de conserver leur concentration.

Elles commençaient par le chiffre 1 qu'elles prononçaient en expirant, et ainsi de suite jusqu'au chiffre 7 ; puis elles revenaient au début de la séquence. Celles qui étaient capables de rester concentrées sur les sensations de leur abdomen n'avaient pas besoin de faire cet exercice.

À la fin des 5 jours durant lesquels j'avais enseigné cette technique, j'ai entendu les participantes faire des commentaires du genre :

« Oh, mon Dieu. J'ai l'impression que j'ai attendu toute ma vie pour vivre cette méditation abdominale. J'ai attendu ma propre naissance.

– Si vous m'aviez dit que nous allions nous concentrer sur nos abdomens avant de venir ici, je ne serais pas venue.

– J'ai l'impression que mon abdomen est devenu aussi grand que l'Arkansas, alors la dernière chose que je voulais faire, c'était de l'escalader. Mais je suis étonnée de ce qui s'est produit. Pour la première fois en 42 ans, je sens vraiment que je suis ici, en train de vivre ma vie.

– Je suis vraiment ici à vivre au lieu de faire semblant de vivre en attendant de mourir.

– Je viens de prendre conscience que j'ai le droit d'être ici. Je ne suis pas certaine de ce que j'ai fait toutes ces années, mais ce n'était pas cela. »

Certaines personnes, durant ces 20 minutes de méditation, ne feront que passer du pot-pourri familier à la séquence des chiffres afin de se concentrer à nouveau. Pendant 900 fois. D'autres se perdront à se raconter une longue histoire et se rappelleront (au son de la cloche qui marque la fin des 20 minutes) qu'elles ont oublié de respirer durant tout ce temps.

Certaines personnes sont plus aptes à la concentration que d'autres. D'autres sont capables de sentir les sensations de leur abdomen comme les pulsations, les picotements ou les palpitations. Tout cela a peu d'importance.

Ce qui compte, c'est que vous commenciez le processus du retour à votre corps, à votre abdomen, à votre respiration parce qu'ils sont ici maintenant, et non vos pots-pourris mentaux. Et ce n'est qu'ici, que maintenant que vous pouvez prendre la décision de manger ou de ne pas manger. Pour prendre place dans votre corps ou pour libérer vos bras et vos jambes tandis que vous êtes encore en vie et que vous passez vos journées à n'être qu'une tête sans corps.

La compulsion alimentaire est directement reliée au fait de revendiquer sa propre présence, l'expérience directe, sentie, immédiate d'être dans son corps, en faisant de son abdomen son point d'ancrage. Par définition, la compulsion alimentaire est l'action de manger sans faire attention aux signaux émis par le corps. Par conséquent, quand vous développez votre capacité de diriger votre attention sur votre corps, que vous êtes consciente de ce qu'il dit et que vous êtes d'accord pour l'écouter, la compulsion diminue et disparaît.

La méditation sert d'outil pour vous garder éveillée. Une façon de découvrir ce que vous préférez. Une pratique qui permet de retourner dans votre corps quand les pots-pourris du cerveau menacent de dérober votre santé mentale.

Mais cela ne signifie pas forcément que je me réjouis absolument de cette situation. Certains jours, par exemple, je me réveille d'humeur enjouée. Je veux me mettre au travail immédiatement ou téléphoner à une amie. Mais comme j'ai l'habitude de méditer au réveil avant de manger, d'écrire, de boire mon thé chai ou de parler au téléphone, je me sens coincée. À la pensée de rester assise seule en silence une demi-heure, je sens mes dents grincer. Je fais traîner les choses. Je mets une heure à laver la vaisselle du petit-déjeuner, je file en toute urgence quelque part où je dois attendre.

Durant ces jours-là, je confonds la méditation avec mon besoin de devenir quelqu'un de spécial parce que je suis quelqu'un qui médite. Et parfois je crois à mon décret personnel et je me révolte. Je ne m'assieds pas. Mais la plupart du temps, je m'assieds tranquille et à la seconde où je suis sur ma chaise, à la seconde où je commence à prendre conscience de ma respiration et de mon abdomen, il se produit un changement radical. Le monde temporel que j'habite disparaît.

Toute urgence s'évanouit. Les sons augmentent. Les sensations s'amplifient. Les cris d'oiseaux, le râle de la respiration, le hurlement du vent. L'haleine chaude du chien, le grincement de porte, le son du téléphone. Les pulsations du ventre. Les picotements dans les mains. Et même, cela dépasse nos sensations parce que nous avons l'impression que nos sensations externes et internes sont pareilles.

Soudain toute la bonté du monde est ici. Dans cet espace qui était moi, l'émerveillement se manifeste. C'est pourquoi je médite encore chaque jour et que je vous recommande d'en faire autant.

CHAPITRE NEUF

∽

Une respiration à la fois

« Monsieur Duffy vivait à côté de son corps. » J'aurais aimé avoir écrit cette phrase (mais hélas, elle est de James Joyce) parce qu'elle exprime parfaitement l'évacuation de groupes de personnes de leur corps au 21e siècle. Nous nous prenons pour des êtres pensants dotés d'appendices gênants et dénués de beauté. Comme si nous prétendions ne pas avoir de corps. Comme s'il était la source de nos problèmes, et que si nous pouvions nous en débarrasser ou encore nous en passer, nous irions mieux. Nous sommes articulés de bras et de jambes qui soulèvent nos paquets, tiennent nos enfants, marchent à notre place. Cependant, nous ne prenons jamais le temps de les habiter vraiment. Jusqu'au jour où nous risquons de les perdre.

Dans un article tiré du magazine *The New Yorker* qui se consacrait à des individus qui idéalisaient le suicide (la technique ultime de se défaire de son corps) en sautant du pont Golden Gate, il y avait ce type qui confessait : « J'ai réalisé que tous mes problèmes que je croyais impossibles à régler le devenaient subitement, sauf mon saut du pont. »

Quelle tristesse !

Le problème n'est pas d'avoir un corps, mais de ne pas vivre à l'intérieur de lui.

La première fois que je parle aux étudiantes d'habiter leur corps, leurs yeux me fixent ; l'air devient aussi lourd que du plomb. Le corps est tellement, disons-le, peu flamboyant. Ce n'est pas ce qu'elles veulent entendre. Elles sont venues pour apprendre comment modifier leur corps et non pas comment habiter celui qu'elles ont.

L'une de mes étudiantes, une femme de 40 ans et mère de 3 enfants, était convaincue que la source de sa souffrance résidait dans ses grosses cuisses. Après des années d'obsession à observer chaque nouvelle ride de cellulite, comment elle était en jeans, comment sa vie serait différente si elle avait des cuisses minces, elle subit une liposuccion qui la fit souffrir le martyre au lendemain de son opération. Elle se rappelait la convalescence, qui s'avéra encore plus douloureuse que dans son imagination. Elle se rappelait aussi qu'elle avait scruté ses cuisses des milliers de fois durant les mois suivants pour évaluer leur aspect lisse et nouveau.

Un an plus tard, au cours de sa première retraite, elle a avoué : « Cela fait mal de réaliser que j'ai dépensé tout cet argent et que personne – ni mon mari, ni ma sœur, ni moi – ne peut dire la différence entre mes nouvelles cuisses et celles d'avant. Ils n'ont pas l'air de se préoccuper, encore moins de remarquer, que mes cuisses ont moins de cellulite. Je ne voulais plus continuer à vivre en détestant mes cuisses, et maintenant que j'ai dépensé la moitié de nos économies dans cette opération, je ne peux toujours pas supporter mes cuisses. »

Je lui confie que je n'ai rencontré personne qui, après des années de rejet et de haine de son corps, l'ait soudainement aimé, même après un lifting, un anneau gastrique, une liposuccion. Quand vous aimez quelque chose, vous lui souhaitez du bien ; mais quand vous détestez une chose, vous désirez la faire disparaître. Le changement se produit grâce à l'amour et non à la haine.

Le changement se produit quand vous comprenez que vous voulez changer à un point tel que vous ne pouvez faire autrement que d'agir dans votre meilleur intérêt. Quand vous commencez à investir votre corps de l'intérieur, quand vous cessez de le regarder à travers « l'œil noir de la caméra de surveillance », comme dit mon amie Mary Jane Ryan, toute autre option, sauf celle de prendre soin de lui, est impensable.

⁓

Peu importe combien vous vous méprisez ou que vous croyez que votre vie serait meilleure si vos cuisses étaient plus minces ou vos hanches plus étroites ou vos yeux plus éloignés l'un de l'autre, votre essence – ce qui fait de vous un être unique – a besoin de votre corps pour exprimer clairement sa vision, ses besoins, son amour. Pour respirer votre parfum à l'odeur de poudre pour bébés que vous vaporisez sur votre cou, il vous faut de la peau, un nez et des sens.

Pour faire en sorte que la présence, l'illumination, la vision soient possibles, il faut un corps dans lequel elles peuvent s'accomplir. Dans le roman *La Nostalgie de l'ange*, écrit par Alice Sebold, la narratrice Susie qui a été assassinée, veut embrasser son petit ami ; elle se glisse dans le corps de celui-ci pour sentir la chaleur du contact de ses lèvres, comme si le fait d'avoir un corps était le délice suprême.

Malgré vos arguments défavorables concernant votre aspect physique, il faut dire que vous êtes toujours ici alors que ce n'est pas le cas pour les 151 000 personnes qui sont décédées aujourd'hui. Au cours d'une méditation que j'ai entendue, il y a quelques années, un professeur suggérait de penser à une personne qui est morte récemment et à ce qu'elle donnerait en échange pour être assise avec nous. Pour s'asseoir dans n'importe quel corps, dans n'importe quelle pièce.

Il a ajouté : « Songez à ce que cette personne donnerait pour revenir un seul instant à l'intérieur de cette forme physique, de ces bras, de ces jambes, de ce cœur qui bat et pas un autre. » J'en ai déduit que le mort à qui il faisait référence n'était nullement préoccupé par la grosseur des cuisses de la personne vivante qui l'accueillerait.

On vous a confié un morceau de l'univers : votre corps. Aussi longtemps qu'il a des pulsations, il vous inonde d'incessantes expériences sensorielles immédiates. Le rouge, le sel, la solitude, la chaleur. Quand une amie vous dit des paroles blessantes, vous avez mal à la poitrine. Par contre, quand vous tombez amoureuse, votre poitrine se remplit de feux d'artifice, de cascades et d'explosions d'extase. Quand vous êtes seule, votre corps se sent vide. Quand vous êtes triste, vous avez l'impression qu'un camion de deux tonnes vous écrase les poumons.

Le ressentiment ressemble à un raz-de-marée qui vous jette par terre, la joie à des bulles de champagne qui font du bien à vos bras, à vos jambes, à votre abdomen. Notre cerveau ressemble aux politiciens qui inventent des histoires, tordent la vérité. Notre cerveau est un champion du blâme, mais notre corps… notre corps ne ment pas. Ce qui, bien sûr, est la raison pour laquelle beaucoup d'entre nous ont appris à sortir d'eux-mêmes dès le premier signe d'un problème.

~~~

À une certaine époque, la meilleure chance de survie était notre capacité de vivre à côté de son corps. Enfants, nous vivions la douleur émotionnelle dans et à travers notre corps, et étant dépourvues de ressources qui auraient pu libérer cette douleur, nous sommes devenues habiles à fuir nos problèmes à la vitesse de l'éclair. Ayant développé notre capacité à quitter notre corps, nous évitions ainsi d'être détruites par les attaques de la douleur destructrice à la longue. Cette fuite équivalait à une question de survie.

Mais cette fuite de notre nature physique s'est mal adaptée par la suite, pour deux raisons majeures : d'abord, elle réduit notre capacité à ressentir et par conséquent, à évoluer dans les situations qui se présentent dans notre vie. Quand nous sommes renversées par la colère et que nous y réagissons en mangeant une pizza, nous ralentissons notre capacité à évoluer à travers la colère et aussi à développer notre conviction qu'elle ne nous détruira pas. Si vous ne permettez pas à l'émotion de naître, vous ne lui permettez pas de s'évanouir.

La seconde raison pour laquelle vivre à côté de son corps n'est pas une stratégie gagnante, c'est que

votre corps est le seul endroit où vous pouvez expérimenter la faim et la satiété ; dès lors, toute tentative
de mettre fin au désordre alimentaire compulsif est
vouée à l'échec. Si vous commencez à manger sans
d'abord savoir si votre corps a faim ou pas, le seul
signal qui vous dira de déposer votre fourchette est
l'inconfort de l'estomac à deux doigts de la nausée.

Je prends conscience que de revenir à son corps
après une vie de guerre contre lui peut ne pas être
attrayant, surtout si s'asseoir ou marcher est inconfortable à l'intérieur de ses limites. Mais ce n'est pas
parce que le retour à la maison est mouvementé que
vous devriez passer le reste de votre vie à le fuir.

Quand vous garderez à l'esprit que vous avez un
corps, et cela à tous les jours de la semaine, votre vie
ressemblera ce film : vous vous promenez et soudain
vous réalisez que vous marchez sans en avoir conscience. Ensuite, vous vous rappelez de porter attention à votre respiration : votre abdomen bouge, vos
poumons se remplissent d'air. Vous sentez une sorte
de flux ou de densité ou de chaleur ou de picotement
dans vos jambes. Vous notez que vous avez des bras,
des mains qui sont en train de soulever un stylo ou
un enfant.

Vous revenez dans votre corps pendant un
moment et vous repartez flottant d'un endroit à
l'autre sans vous souvenir clairement de la transition.

Puis vous revenez sur terre encore, d'abord une respiration puis une autre, et c'est comme si tout était nouveau. Vous sentez l'haleine de votre enfant sur votre visage. Vous entendez le grattement du stylo sur le papier. Vous captez le son comme si c'était la première note d'une symphonie. L'instant suivant, vous êtes propulsée dans les images sans les voir, dans les sons sans les entendre.

Vous revenez à votre corps un millier de fois par jour. Même si vous vivez à la ville où c'est rempli des hurlements des sirènes et des bruits stridents des klaxons, vous pouvez vous concentrer sur vos sensations physiques : le contact de vos jambes contre la chaise, le son des clefs contre le tableau de bord, le léger refroidissement de l'air. De cette manière, il est possible de vivre, comme le disait l'écrivain John Tarrant : « selon notre vraie mesure, au lieu de tourner en rond en loupant des choses comme si nous étions en voyage à l'étranger en séjournant seulement dans les aéroports et les hôtels. »

Thich Nhat Hanh, le maître bouddhiste vietnamien, disait : « Il n'y a pas de voie qui mène au bonheur, le bonheur est la voie. » De la même manière, il n'y a pas de voie qui vous ramène au corps, car le corps est la voie. Vous partez et ensuite revenez. Partir et revenir. Vous oubliez puis vous vous rappelez. Oublier et se rappeler. Une respiration à la fois. Un pas à la fois. C'est simple. Et peu importe le temps que vous êtes partie ; ce qui compte, c'est que vous soyez de retour. Chaque retour, chaque son, chaque sensation ressentie s'accompagne de relaxation, de reconnaissance et de gratitude.

La gratitude s'engendre elle-même, s'épanouit en fleurs, tombe en neige et produit des montagnes de gratitude. Bientôt, vous allez vous demander où vous étiez tout ce temps. Comment vous avez erré aussi loin. Et vous réaliserez que la torture n'est pas d'avoir ces bras ou ces jambes ; c'est d'être convaincues que Dieu est quelque part, dans un autre lieu, un autre royaume où le coucher bleu lavande de lune, la présence éveillée de votre être vous manquent.

~~~

CHAPITRE DIX

Le GPS de la zone nébuleuse

L'obstacle majeur à toute transformation est La Voix qui vous dit que c'est impossible. Voici ses paroles :

> *Tu as toujours été ainsi et tu le seras toujours. À quoi ça sert ? Personne ne change vraiment. Tu ferais mieux de manger. En passant, as-tu regardé tes bras dernièrement ? Et à quoi pensais-tu quand tu as mis ces pantalons aujourd'hui ? As-tu remarqué que tes bourrelets roulaient sur tes pantalons ? Et excuse-moi, mais as-tu oublié de te maquiller ce matin ou est-ce ton air habituel ? Tes cheveux. Tes cuisses. Pourquoi t'en faire ? Est-ce que j'ai bien entendu ce que tu viens*

176 LES FEMMES, LA NOURRITURE ET DIEU

*de dire à ton patron ? Pour qui te prends-tu,
pour Miss Univers ? Combien de fois te
casseras-tu la gueule avant d'apprendre à te
la fermer ?*

Anne Lamott a donné à cette voix le sigle d'une
station radio KFKD. Des gens moins portés sur la
musique (comme Sigmund Freud) l'ont baptisée le
surmoi, le parent intériorisé, la critique intérieure.
Moi, je l'appelle La Voix.

Tout être humain est doté de La Voix. Elle est
nécessaire à son développement. En effet, il doit
apprendre à ne pas mettre ses mains dans le feu, à ne
pas marcher dans une circulation dense, à traverser
la rue quand le feu est vert pour les piétons, à ne pas
immerger des câbles électriques dans l'eau. Il doit
aussi apprendre que, s'il jette de la nourriture sur les
murs de leurs maisons ou s'il place des serpents dans
leurs lits, les gens vont cesser de le recevoir.

Quand les symboles d'autorité comme les
parents, les enseignants ou les membres de la famille
lui transmettent des prescriptions verbales et non
verbales sur la façon de vivre, sur les plans physique
et émotionnel, elles s'unissent en une seule voix :
La Voix. C'est le processus de l'intériorisation des
symboles d'autorité.

D'après les psychologues spécialistes du développement, La Voix est pleinement opérationnelle
chez la plupart des individus dès l'âge de 4 ans et par
la suite fonctionne comme une boussole morale, un

agent de dissuasion placé devant des comportements discutables. Au lieu d'être punies pour avoir osé contredire notre mère ou notre père, à l'âge adulte nous nous blâmons sévèrement d'avoir osé croire que notre vie pourrait être différente. Nous devenons réfractaires au risque. Apeurées par le changement.

La Voix interfère quand nous désirons défier le *statu quo*. Quand nous voulons accomplir une activité que nos parents n'auraient pas souhaitée. Selon le genre de parents, leur réaction pourrait, soit vous dissuader de faire le voyage en Asie que vous projetez. «Avec toutes ces maladies dangereuses. La malaria. La dysenterie. La lèpre. Tu es bien mieux à la maison.» Soit attaquer votre confiance en votre intuition: «Faire confiance en ton intuition? Allô? As-tu remarqué où cela t'a menée?» Soit saper votre envie de mieux connaître votre véritable essence par le biais de votre relation avec la bouffe: «Je vais te montrer, moi, ta vraie nature. C'est bien toi, n'est-ce pas, qui as bouffé tout le sac de chips la semaine dernière?»

Certaines personnes, moi, par exemple, sont plus lentes que d'autres à intérioriser La Voix. Par un après-midi d'été torride, mon amie Amanda et moi – nous avions 8 ans – étions assises sur la véranda à regarder les passants qui déambulaient dans la rue. Nous étions fascinées par leur arrière-train, captivées par chaque protubérance en forme de melon. Incapables de résister plus longtemps, nous sommes sorties de notre torpeur et avons inventé un jeu: il

fallait suivre silencieusement et lentement un étranger parmi ceux qui flânaient dans la rue. Au moment
le plus propice, il fallait pincer son derrière et détaler
dans la direction opposée.

Notre jeu se déroula sans anicroche durant une
demi-heure jusqu'à ce qu'Amanda pince le posté-
rieur de Martin, le fils d'Ethel et de Harry Sherman,
lequel nous dénonça à sa mère qui téléphona à la
mienne. Aussitôt, celle-ci sortit dans la rue et me vit
en train de pincer le derrière de Murray Wise, son
dentiste. Gros ennuis en vue. « Qu'est-ce que tu
t'imagines faire en pinçant le derrière des gens ? Tu
crois que c'est génial ? nous hurlait ma mère tout en
s'excusant sans arrêt au Dr Wise.

– C'est amusant, avons-nous répondu à l'unisson.

– C'est une violation de leur intimité, un grand
mot que tu chercheras dans le dictionnaire, affirma
ma mère. Il faut que tu cesses immédiatement !
Immédiatement ! Pas demain, pas la semaine prochaine, maintenant ! Rentre à la maison tout de
suite. »

La Voix contrôle les impulsions, joue l'intermédiaire entre l'acceptable et le scandaleux. L'une de
ses fonctions primaires est de supprimer le comportement qui pourrait mener à l'arrestation. Chez une
sauvage comme moi, le processus a demandé plus de
temps.

❧

Dès le début de leur retraite, en fait dès les 2 premières heures, je demande aux étudiantes de dresser une liste de 10 critiques personnelles qu'elles ont émises depuis leur arrivée. En général, il y en a toujours une qui pose la question: «Seulement 10? Pourquoi pas 100, 500?»

Puis j'incite quelques-unes à lire leur liste à voix haute en adoptant le ton de leur Voix laquelle varie d'une personne à l'autre:

Je ne peux pas croire que je me suis encore inscrite à une nouvelle méthode sur les problèmes de poids. Qu'est-ce qui CLOCHE chez moi, pourquoi ai-je mis une robe sans manches? Mes ongles de pied me dégoûtent. Je perds mon temps et je devrais retourner à la maison.» Parfois La Voix dit: «*Tu en fais trop.*» D'autres fois: «*Tu n'en fais pas assez.*» Mais son principal message est toujours le même: «*Tu ne peux pas faire confiance à ton instinct. Tu ne dois écouter que moi. Dépendre de moi. Sinon tu mourras sans réussir dans la vie. Espèce d'idiote.*»

Des mots d'une extrême dureté? En effet. Jamais vous ne laisseriez quelqu'un vous parler de cette manière? Peut-être. Mais vous vous parlez de cette manière du matin au soir sans penser une seconde à ses effets cruels, car vous êtes immunisée contre les insultes. Et là réside le problème: La Voix ressemble et résonne tellement comme vous que vous croyez qu'elle *est* vous. Vous pensez que vous vous dites la vérité. Et vous êtes tellement convaincue que sans La

Voix, votre conscience, vos tendances sauvages et insoumises se déchaîneraient.

Prenons un exemple qui se produit à une fréquence alarmante, probablement plusieurs fois par jour. Vous chantonnez en effectuant votre routine du matin. Puis vous essayez un ancien pantalon. Oh! oh! vous êtes incapable d'entrer la jambe droite dans la patte du pantalon. L'an passé, cette patte était déjà une taille plus grande que l'année précédente. Aussitôt La Voix vous critique: *« Regarde-toi! Tu es pathétique! Tes cuisses sont aussi grosses que les montagnes Rocheuses. »*

Vous jetez un coup d'œil aux appendices en question. *Hum, vous pensez, mes cuisses sont vraiment en train de surpasser mon corps, le salon, le quartier.* La Voix vous blâme: *« Tu devrais avoir honte! »* Vous êtes d'accord. Vous pensez: *J'ai honte, regarde à quel point je me suis laissée aller.* La Voix vous accuse d'être: *« Méchante, méchante, méchante. »* Vous traduisez: *« Méchantes cuisses. Méchante moi. »*

Quelques minutes plus tard, vous avez l'impression de vous être désintégrée. Dans l'espace que vous occupiez flottent une terreur fantomatique et un vague sentiment d'être en manque, faible et grosse. En quelques minutes, vous avez basculé dans la conviction que votre vie ne vaut rien.

Et pourtant.

Rien – pas une seule chose – n'a changé depuis votre réveil alors que vous vous sentiez courageuse, festive et irrévérencieuse. Le fait objectif est que votre pantalon ne vous fait plus. La réalité est que vous avez pris du poids au cours des derniers mois. Mais pourquoi votre prise de poids a-t-elle le pouvoir d'anéantir chaque petite étincelle de votre bien-être ? Pourquoi n'êtes-vous pas capable de constater que vous avez pris du poids et ensuite de décider d'envisager des solutions dosées de sagesse et respectueuses de votre estime de soi ?

Parce que l'intention de La Voix est de vous assommer afin que vous ne fassiez usage ni d'intelligence ni de calme relatif. Au début de son développement, cette stratégie en était une d'adaptation physique : elle vous permettait de ne pas vous sentir rejetée par ceux dont vous dépendiez. Elle est maintenant devenue archaïque, des vestiges de votre enfance qui, malgré son utilité de remplacement, dirige actuellement votre vie et vous rend incapable d'agir avec discernement et intelligence. Son principal avertissement consiste en ces mots : « *Ne dépasse pas la limite. Maintiens le statu quo.* »

La Voix vole votre force, votre passion et votre énergie et les retourne contre vous. Sa façon bien à elle de mélanger la vérité objective – tu as pris du poids – avec le jugement moral – par conséquent, tu es une vraie perdante – suscite en vous des sentiments de défaite et de faiblesse qui, par la suite, vous rendent susceptibles d'obtenir un médicament rapide ou une cure miracle. Tout pour cesser de se sentir aussi désespérée.

La Voix est sans pitié, ravage et détruit votre vie. La Voix vous fait vous sentir si faible, si paralysée, si incompétente que vous n'oseriez pas mettre en question son autorité. Son intention est d'empêcher que vous soyez rejetée de ce qu'elle prend pour votre cercle d'amour.

Certaines étudiantes sont convaincues que La Voix est la réplique exacte de leur mère ou de leur père et que rien de moins qu'un exorcisme suffirait à les débarrasser de leurs sermons. Et tandis que La Voix peut résonner de manière soupçonneuse comme l'un ou l'autre de vos parents, il est bon de se rappeler qu'elle se compose de tous les symboles d'autorité, et plus particulièrement ceux présents dans votre petite enfance.

Dans ma famille, ma mère avait le monopole de la capacité pulmonaire et des organes vocaux. Elle pouvait dire des choses comme : « Tu recommences encore une fois et je t'envoie en plein vol jusqu'au milieu de la semaine prochaine ! » Ou encore : « Tu t'ennuies ? Tu dis que tu t'ennuies ? Va te cogner la tête contre le mur et après tu te sentiras mieux. »

Accompagnées de la gestuelle des mains et des yeux exorbités, ces déclarations produisaient les résultats voulus : je m'éclipsais en ayant le sentiment que mon existence était une grave erreur. Que contester ses actions produisait des conséquences désastreuses.

Ma version de La Voix comporte les mêmes inflexions, le même sarcasme, la même façon continuelle de me rabaisser que ma mère utilisait. Mais elle s'additionne également au plan du contenu des principes de la vie selon Bernie Roth, mon père. Lors de la rédaction de mon premier livre, il m'a demandé : « J'ai entendu dire que quelqu'un avait soumis récemment un manuscrit anonyme de Charles Dickens à un éditeur et qu'on l'avait rejeté ! Qu'est-ce qui te fait croire que tu écris mieux que Dickens ? »

La première fois qu'il m'a entendue donner une conférence devant un vaste auditoire, mon père m'a dit : « Tu possèdes du charisme. Hitler aussi en avait. » Cette réflexion venait d'un homme dont les 33 membres de sa famille avaient été exterminés dans les chambres à gaz d'Auschwitz. Et tout comme les cris de ma mère, les commentaires brefs et placides de mon père me sciaient les jambes et me donnaient l'impression d'être une incapable et une perdante.

Je raconte ces événements non pas dans le but de blâmer mes parents (la rumeur veut que je l'aie déjà fait, de façon involontaire, dans mes livres précédents. Récemment, participant à un salon sur la santé, ma mère et mon beau-père Dick tenaient un kiosque où ils vendaient une boisson miraculeuse de la forêt tropicale appelée Xango. En pleine conversation avec une nutritionniste, Dick lui demanda si elle avait lu mes livres. « Oui, dit-elle, je les consulte constamment.

– Je suis son beau-père, et se tournant vers ma mère, voici sa mère. »

La nutritionniste la regarda furieusement. Finalement, elle clama à ma mère : « Vous savez. » Pause. Tension. Silence. « Geneen a eu une enfance malheureuse ! » Et elle s'éloigna. Ma mère lui cria : « Oui. Je sais. J'étais là ! » À ce moment-ci de ma vie, 37 ans après mon départ de la maison familiale, je me rends compte que ni l'un ni l'autre de mes parents n'est à blâmer (bien que je trouve moins commode de reconnaître ce fait que le blâme qui a un effet, eh bien, purificateur). Par contre, je réalise comment ils font partie de moi.

Même si vous comptiez parmi les personnes chanceuses à avoir eu des parents gentils, aimants et attentionnés, vous auriez quand même La Voix installée dans votre psychisme, et cette voix aurait besoin d'être défiée. Parce que même les parents les plus attentionnés voient leurs enfants à travers des lentilles déformantes. Ils transmettent leurs propres définitions de la réussite et de la spiritualité, de l'amour et de la créativité, des valeurs qui ne coïncident pas toujours avec les besoins particuliers de leur enfant.

Les enfants réagissent à une force obscure qui les pousse à prendre une certaine orientation. Ils grandissent en suivant la direction de la lumière et de l'attention. Ce dont on n'aura pas tenu compte lors de leur enfance ne se développera pas. Si on reconnaît chez une fillette sa valeur dans ses réalisations, elle apprendra à accorder plus de valeur à ce qu'elle fait qu'à ce qu'elle est, et La Voix interviendra quand elle ne remplira pas son quota de réalisations.

Si vos parents n'ont pas eu conscience que cet aspect primordial ne pouvait se traduire autrement que par un accomplissement ou une réalisation concrète ou une preuve, vous avez grandi en ignorant des aspects de votre personnalité. Et La Voix interviendra sous la forme du cynisme et du doute quand vous vous immiscerez dans le monde caché derrière les apparences.

La Voix sape votre énergie, vous scie les jambes, vous isole et vous place dans un monde modelé par des symboles d'autorité du passé qui aboient des directives qui se révèlent souvent cruelles et presque toujours sans rapport avec votre personnalité et vos goûts. En anesthésiant votre clarté d'esprit et votre savoir objectif, La Voix vous rend incapable de développer votre propre autorité. Elle vous traite comme une enfant qui aurait besoin d'une boussole morale, mais dont le plein nord n'indique aucun territoire original ou nouveau.

Imaginez que La Voix est un GPS (système de localisation et de navigation par satellite) qui vient de la zone nébuleuse. Quand vous suivez ses indications, vous passez votre vie à essayer de trouver des rues qui n'existent plus dans une ville qui a disparu depuis des décennies. Et vous vous demandez pourquoi vous vous sentez si cruellement perdue.

～

Byron Katie a déclaré : « J'aime mes pensées. C'est juste que je ne suis pas tentée de les croire. » Vous cessez de croire La Voix quand après avoir entendu ses insultes : « *Tu es la pire personne du monde. Tu es égoïste et superficielle ; ton cœur est flétri et sec, et ton cou a l'air d'une vieille peau de vache,* vous répondez : « Ouais, ouais, d'accord, alors as-tu quelque chose de nouveau à me dire ? » Ou : « Vraiment ? Je suis la pire personne du monde ? C'est vrai ? » Ou : « Chéri, je pense qu'une douzaine de margaritas te feraient du bien. Tu me parleras quand tu les auras bus. » Vous êtes enfin libérée. La liberté entend La Voix divaguer, prendre ses grands airs, lui faire la morale et n'en croit pas un mot.

Quand vous rompez avec La Voix, vous entrez en communication avec tous les aspects de votre être. La Voix offre théoriquement de la clarté, de l'intelligence et du discernement véritable. De la force, de la valeur et de la joie. De la compassion. De la curiosité. De l'amour. Il n'y a rien de mal à cela, car il n'y a pas de bien avec lequel les comparer.

Quand vous cessez de répondre à ses commentaires désobligeants sur vos cuisses, votre valeur, votre existence même, quand vous ne croyez plus que quelqu'un, spécialement La Voix, sait ce qui doit arriver, il ne reste que les simples faits. La respiration. L'air. La peau qui effleure la chaise. La main posée sur le verre. La ceinture qui laboure la chair.

Quand vous échappez à La Voix, ne serait-ce qu'une fois, vous vous rendez compte soudain que vous avez confondu son étreinte mortelle avec votre vie. Vous ressemblez à Ingrid Betancourt, libre après des années de captivité par votre ravisseur.

Ensuite.

Vous pouvez vous demander si vous êtes à l'aise avec votre poids actuel. Si vous vous sentez en santé, pleine d'énergie, alerte. Et si la réponse est négative, vous pouvez réfléchir à des solutions qui conviennent à votre rythme de vie quotidien. Des solutions que vous pouvez supporter, que vous pouvez maintenir. Des solutions qui vous enthousiasment. Quand elles m'entendent parler de ce point, certaines participantes entendent un oui qui résonne en elles ; d'autres aspirent à trouver un genre d'engagement qui respecte leur propre processus.

À celles qui ne réagissent pas à mes commentaires, je leur conseille de trouver une autre façon de déchiffrer le code de leur rapport avec la bouffe pour que plus jamais elles ne se tiennent à côté de leur corps et n'essaient désespérément d'y entrer. Par ses pitreries que vous entendez et croyez, La Voix vous oblige à vivre à côté de vous-même. Elle vous limite.

Elle vous entretient dans un état de honte, d'anxiété, de panique. Aucun changement réel ou à long terme ne se produira aussi longtemps que vous serez à genoux devant l'autel de La Voix.

～

Malgré leur liste de critiques personnelles qu'elles ont rédigée dès le premier jour de la retraite, malgré l'identification de La Voix omniprésente, presque toutes les étudiantes retombent sous son charme le lendemain ou le surlendemain. Attendu que La Voix vous ressemble tellement, et que vous êtes ultimement convaincue que, sans elle, vous folâtreriez dans une vie libre de contraintes ou de moralité, votre affranchissement va exiger du temps et va se faire par étapes.

La première étape est d'admettre les effets de La Voix sur vous. Bien que cela puisse sembler facile à faire, cette tâche ressemble, en fait, à l'action d'éloigner un objet de métal d'un aimant. Souvent, vous n'avez pas conscience de son influence jusqu'à ce que vous réalisiez que vous êtes affectée par ses sermons. Vous notez que vous étiez bien, il y a 10 minutes, mais que maintenant vous vous sentez comme Superman qui a été exposé au krypton par Lex Luthor : en voie de disparation, diminuée, faible, incapable, humiliée, honteuse.

À l'étape de l'identification et de l'affranchissement, vous devez surmonter un obstacle majeur :

comme vous croyez tous les défauts que La Voix a dit que vous aviez, vous croyez aussi que vous devez les cacher aux autres, de peur qu'ils ne s'éloignent, frappés d'horreur. Vous croyez que La Voix connaît la vérité et vous ne voulez pas que quelqu'un d'autre découvre le monstre que vous êtes. Que c'est secret. Que c'est impardonnable. Vous cacher vous apparaît comme un acte de préservation.

On dirait que c'est le seul choix à faire si vous désirez de la tendresse ou de l'amour dans votre vie. Parce que vous êtes en total accord avec La Voix, vous vous convainquez que votre meilleur et unique recours est d'avoir tellement honte de vous-même que vous mettez plus d'efforts à vous transformer. Devenir l'être idéal de La Voix. Devenir un être différent, un être que vous n'êtes pas.

Tous les moments passés (quand vous n'étiez pas sous influence) à porter attention à votre vraie nature, au monde invisible, à observer votre esprit. Tous les moments passés à jeter les pièces de monnaie de votre attention dans le puits de la conscience vous reviennent maintenant et vous font reconnaître que *cette place en ruines ne vous ressemble pas*. Même si elle vous semble familière et s'apparente à un bourbier, plus vous cherchez à vous en défaire rapidement, plus vous vous enlisez.

Ce n'est pas vous. Vous le savez parce que vous avez déjà vécu des moments de délice, de paix, de bonheur pur. Vous savez déjà que vous êtes un être qu'on ne peut ni insulter, ni attaquer, ni détruire. Et cette prise de conscience sert désormais à séparer chez vous le vrai du faux. De votre fausse croyance sur l'impossibilité de votre salut. De votre fausse honte face à votre histoire déformée, réchauffée, familière. Et parce que vous en êtes venue à aimer la vie débarrassée de votre fiction, à vous aimer sans votre passé, vous avez de moins en moins envie d'endurer la souffrance résultant de la fusion avec La Voix. Vous commencez à préférer la simplicité à la complexité. La liberté à la familiarité.

~~⌇

Je dis à toutes celles qui n'ont pas encore vécu sans La Voix qu'elles doivent vivre « comme si ». Vivre comme si elles savaient qu'elles valent leur propre temps. Vivre comme si elles méritaient de prendre soin de leur corps. Vivre comme si les possibilités auxquelles elles aspirent existaient actuellement. Vivre comme si cela créait un pont vers un nouveau mode de vie. Cette façon de penser vous permet de voir qu'autre chose est possible. Que vous pouvez vraiment marcher, parler, manger comme si vous méritiez d'être ici.

Loren, qui m'assiste durant les retraites, me racontait que lorsqu'elle avait commencé à se libérer de La Voix, elle avait eu besoin de lui parler avec des mots défendus par ses parents. Il fallait qu'elle lui lance des expressions comme : « VA TE FAIRE FOUTRE ! Fous le camp ! Va te mesurer à quelqu'un de ta taille!» Comme la colère était interdite dans sa famille et que La Voix était l'imitation de ses parents, c'était pour elle à la fois choquant et libérateur de lui crier d'aller se faire foutre.

Le moment qui suivait sa bataille courageuse contre la méchanceté de La Voix était composé de soulagement, de liberté et du sentiment qu'elle, Loren, reprenait le contrôle de son corps au lieu d'être dominée par le clone de Darth Vader, de la série cinématographique *Star Wars*.

Une fois que vous avez déterminé quand cela est arrivé : «J'ai flanché, La Voix et moi ne formons qu'une seule personne», vous pouvez passer aux étapes suivantes pour vous libérer de votre geôlière. Rédigez ou répétez à voix haute les paroles exactes que La Voix vous dit, mais au lieu de le faire à la première personne (car le Je vous lie à La Voix), faites-le à la troisième personne, celle de La Voix qui s'adresse à vous, personne maudite, immorale et damnée. Si vous êtes au lit, assoyez-vous. Si vous êtes dans votre voiture, dites-les à voix haute. Écrivez-les assise à votre table de travail, à votre table de la cuisine ou à celle du salon. Sortez tout : «Espèce de trou du cul. Bonne à rien. Vieille sorcière desséchée et immorale. Comment OSES-TU...»

Pendant que vous parlez, prêtez attention à votre respiration. Remarquez votre ventre. Imaginez que vous vous êtes sentie morte et soudain vous commencez à ressentir un regain d'énergie (l'énergie que La Voix vous a volée). L'histoire, les mots utilisés ont moins d'importance que l'énergie qui s'en dégage. Ne portez pas de jugements sur les mots utilisés – « *Oh mon Dieu, je viens de dire le mot sorcière* » – éprouvez plutôt les sensations directes qu'ils provoquent dans votre corps. « *Super. J'ai l'impression d'avoir une boule de lave en fusion dans ma poitrine. Elle monte à présent dans ma gorge. Maintenant elle redescend vers mon ventre, mes bras. À présent, je me sens puissante. En expansion.* »

Observez les réactions sans intervenir. Sans les encourager ni les réprimer. De l'énergie pure. De la passion pure. Sans contraintes. Vous la laissez faire. Après un moment, vous notez que cette énergie n'est pas dirigée contre un objet. C'est lorsque vous sentez l'énergie, sans la diriger contre rien ni personne, que vous vous sentez vivante. Vous vous êtes retrouvée. Vous êtes vibrante. C'est un sentiment indéfinissable. Vous êtes libre.

~

Après avoir rompu avec La Voix et repris le contrôle de votre pouvoir, vous êtes maintenant en mesure de voir clair et de prendre des décisions au sujet de votre condition physique. Vous pourriez décider que votre corps ne se sent pas bien après avoir mangé des sucreries. Que vous avez besoin de consulter un médecin ou un nutritionniste. Vous pourriez décider de changer d'emploi. Ou de conjoint. Que votre corps a besoin de bouger plus.

Mais jusqu'à ce que vous soyez libérée de La Voix, toutes les décisions que vous prendrez et qui proviennent de son oppression ressembleront aux confessions arrachées sous la torture.

Quand vous décidez que vous devez perdre 10 kilos parce que vous êtes dégoûtée de vous-même, ou encore que vous devez méditer tous les jours ou aller à l'église le dimanche sans quoi vous irez en enfer, vous prenez des décisions sous les coups de fouet du Père Fouettard. On ne peut pas faire confiance aux décisions suggérées par La Voix parce qu'elles sont prises sous le coup de la honte ou de la force, de la culpabilité ou de la privation. Elles ne durent pas parce qu'elles sont basées sur la peur des conséquences plutôt que sur le désir de la vérité.

En revanche, demandez-vous ce que vous aimez. Librement, sans la peur des conséquences, sans les sentiments de force, de honte et de culpabilité. Pour quelles raisons voulez-vous démontrer votre tendresse, prendre soin de votre corps, de votre esprit, des autres, de la planète ? Faites confiance à votre désir, faites confiance à votre amour qui peut se traduire en gestes sans risque de punition. Dites-vous que vous ne détruirez pas ce qui compte le plus à vos yeux. Faites-vous ce cadeau.

TROISIÈME PARTIE

L'ALIMENTATION

Chapitre onze

~

Le plaisir n'est pas pour tout le monde

Mon régime préféré de tout temps se composait de cigarettes, de café et de soda mousse diète Shasta. Un éminent psychologue du nom de Bob me l'a fait découvrir un été alors que j'étais étudiante de deuxième année de collège. Bob, qui avait déjà pesé plus de 200 kilos, était devenu formidablement mince grâce à sa nouvelle invention, le régime Cigcaf : fumer trois paquets de cigarettes et boire 12 tasses de café par jour, point final.

« Génial ! » dis-je à Bob alors que nous étions au restaurant, moi bouffant mes chaussons dégoulinant de beurre, et lui, naturellement, buvant du café et

soufflant des ronds parfaits de fumée grise. « Enfin !
Une recette pour être mince ! »

Bob hocha la tête vigoureusement. Intoxiqué
de caféine en quantités suffisantes pour faire rouler
une usine d'énergie nucléaire, ses gestes n'étaient pas
loin d'être maniaques : ses pieds rythmaient ses
paroles pendant que ses mains dessinaient des cercles
dans le vide. Puis il affirma : « Ça marche vraiment,
Geneen. J'ai perdu plus de 100 kilos. Et la beauté de
la chose, c'est que tu n'as à te soucier de rien d'autre.
Pas de bouffe à mâcher. Pas de vaisselle à laver. Pas
d'assiettes ni de couverts. Tout le monde sur la
planète peut maigrir avec ce régime-là ! »

Donc le jour suivant, j'ai commencé le régime
Cigcaf en y ajoutant quand même du soda mousse
diète Shasta, mon unique entorse au régime. J'ai
suivi ce régime pendant trois semaines et j'ai perdu
beaucoup de poids, comme vous pouvez l'imaginer.
Et comme je ne dormais jamais, j'ai accompli de
nombreuses tâches qui auparavant m'intimidaient
comme de lire *Le Comte de Monte-Cristo* et tricoter
une couverture en lainage.

Mais ce ne fut pas le seul programme que j'ai
accueilli avec enthousiasme. Chaque fois qu'un nouveau régime alimentaire captait mon attention :
le régime au poulet frit seulement, le régime une
glace-choco-chaud par jour, le régime aux raisins
et noix, je relevais le défi avec enthousiasme et
même avec vénération. J'aimais qu'on me dicte quoi

faire. J'avais le sentiment qu'on me prenait en charge.

Quelqu'un avait évalué la situation, compris le bourbier dans lequel je baignais et découvert la solution. Des protéines. Des pâtes. Des aliments crus. Des fientes de rossignol. Peu importe. Au bout d'une semaine, j'étais prête à changer de régime pour en suivre un nouveau dont les principes s'opposaient au précédent parce qu'on l'avait recommandé. Je trouvais du réconfort à penser que si je pouvais y croire et respecter mon engagement, je trouverais le salut, la paix pour donner suite à la haine continuelle de moi-même causée, pensais-je, par mes grosses cuisses.

À dire vrai, chaque régime que j'ai suivi a incroyablement bien marché. J'ai toujours perdu du poids. J'ai toujours trouvé le salut parce que les règles étaient tellement claires :

➤ Se repentir ;

➤ Se priver ;

➤ S'affamer.

Et puis je n'étais plus capable de tolérer la privation une minute de plus. Plus une seule minute. Au point de rupture, je devenais le contraire de moi-même. L'ordre se changeait en chaos, la restriction en laisser-aller. Comme le loup-garou à la pleine lune, je devenais une créature nocturne, un être sauvage ayant peu de ressemblances avec l'humaine diurne. Avec une voracité intense, je déchirais, écrasais et mettais en pièces les boîtes, les conserves et les sachets de nourriture comme si je n'avais rien avalé depuis des années.

Après 18 mois d'un régime à base d'aliments crus et de jus frais, j'ai passé les 2 mois suivants à ingurgiter des pizzas entières et des blocs de saucissons secs. Après le régime Cigcaf de 3 semaines, j'ai passé les 6 semaines suivantes à mâcher bruyamment une douzaine de beignets à la fois. Puis, brusquement, l'aurore brisait la transe et je redevenais civilisée.

Quand j'ai cessé de suivre des régimes, j'étais convaincue à tort que toutes les mangeuses compulsives éprouvaient un besoin impérieux de règlements, de règles de conduite, d'ordre jusqu'à ce qu'elles se révoltent de nouveau et recommencent leur goinfrerie. Mais, il y a une dizaine d'années, mon amie Francie White, qui est diététicienne, m'a appris que certaines personnes *détestent* les régimes. Certaines personnes se rebellent tout de suite, pas trois semaines après, quand on leur prescrit un régime alimentaire. Leur vie ressemble à une grosse bouffe continuelle.

Lorsque j'ai exploré ce problème avec mes étudiantes, j'ai découvert qu'en gros la moitié d'entre elles n'a jamais réussi à maintenir un régime. Elles refusaient de suivre des règles ou des ordres ou des directives. Elles m'ont parlé de l'univers secret de la bouffe et de ses effets magiques qui ne souffrent pas de la restriction.

L'effet de se retrouver devant le frigo sans comprendre comment elles s'y sont rendues. De finir un gâteau sans se souvenir de la première bouchée. Il semble évident que la goinfrerie n'est pas dictée par la privation ; chez la moitié des mangeuses émotives, la goinfrerie (ou du moins la gourmandise permanente) est un mode de vie ponctué par le sommeil, le travail, les activités familiales. Ce qui m'a amenée à conclure que les mangeuses compulsives se divisent en deux catégories : les contrôleuses et les permissives.

Les contrôleuses croient au contrôle. D'elles-mêmes, de leurs portions de nourriture, de leur environnement. Et le plus possible, elles aiment aussi contrôler le monde entier. Les contrôleuses réagissent d'après la conviction que le chaos est imminent et qu'il faut procéder par étapes *maintenant* pour minimiser ses répercussions.

Pour une contrôleuse, la privation apporte du réconfort, car elle procure un sentiment de contrôle. Si je limite mes portions de nourriture, je limite l'expansion de mon corps. Si je limite l'expansion de mon corps, je limite (je crois que je peux) ma souffrance. Si je limite ma souffrance, je peux contrôler ma vie. Je m'assure que de mauvaises choses n'arriveront pas. Que le chaos se tiendra loin de moi.

Le niveau extrême de la restriction est l'anorexie, la privation met la vie en danger, mais toutes les contrôleuses croient à la privation, à la restriction et à la mesure comme principes directeurs. Quand nous mangeons ensemble durant les retraites, je repère immédiatement les contrôleuses : il y a, dans leur assiette, plus d'espace que de nourriture.

Une de leurs croyances de base, c'est que moins vaut plus. Si je montre moins de moi, il y a moins de moi qui sera blessé. Si je me coupe moi-même les ailes, alors je tomberai de moins haut quand quelqu'un sortira son épée. Manger moins, par conséquent, équivaut à être en sécurité.

Quand on fit le calcul des calories quotidiennes, les contrôleuses savaient le nombre de calories d'une petite pomme, d'un bol de crème glacée, d'un biscuit Leclerc. Quand il fallait mesurer l'index glycémique, elles savaient le nombre de grammes de gras, de protéines et d'hydrates de carbone que contenaient une tranche de pain grillé, une cuillerée à café d'huile d'olive, un muffin aux bleuets. Qu'est-ce que c'est, demandez-vous ? L'avoine est le dernier aliment miracle ? Génial ! Je vais en mettre dans tous mes plats pendant les 10 prochaines années. Ah ! l'avoine cause le cancer ? D'accord. Je cesse d'en manger tout de suite.

Comme la restriction-privation se traduit en contrôle et comme le contrôle signifie la sécurité et que la sécurité signifie la survie, toute recherche de privation apporte le soulagement : Dites-moi quoi, quand et combien dois-je manger ? Donnez-moi des listes à mémoriser. Donnez-moi des règles et je serai votre esclave à jamais. Ma vie en dépend.

Comme les contrôleuses essaient constamment de contenir l'énergie brute qui s'agite pour être relâchée – la pleine lune, après tout, est toujours très loin – elles ne peuvent jamais relaxer. Comme elles essaient de conjurer l'inévitable, elles doivent trimer très dur, et comme elles doivent trimer très dur, elles se sont convaincues que la souffrance est noble. Parce que si ce n'est pas dur, cela n'en vaut pas la peine.

Elles ne sont pas du genre à rire à tout instant, car le rire et le plaisir ne font pas partie de leurs objectifs. Le plaisir (ou son apparence) est plutôt destiné à leurs sœurs, les permissives.

Les permissives trouvent que toutes les règles sont odieuses. Si elles ont maigri en suivant un régime, ce fut au prix d'une misère abjecte, contraignante. Elles se méfient des programmes, des règles de conduite, des menus préparés.

Les permissives vont dire : « J'ai pris 25 kilos au cours des 6 derniers mois et je ne sais pas pourquoi ni comment. » Alors que les contrôleuses exploitent leur hypervigilance grâce à des antennes mobiles comme celles de l'anémone de mer, les permissives préfèrent traverser la vie dans un état d'abrutissement. De cette façon, elles ne ressentent pas de peine, ni la leur ni celle des autres. Si je n'en ai pas conscience, le problème n'existe pas. Si je traverse la vie en étant endormie, je n'ai pas à m'inquiéter de mon avenir parce que je n'en aurai pas conscience. Si je n'essaie pas, je ne serai pas déçue de mon échec.

Comme les contrôleuses, les permissives agissent par besoin de sécurité dans les situations qu'elles considèrent comme hostiles ou dangereuses. Mais à l'encontre des contrôleuses, qui essaient de gérer le chaos, les permissives se fondent en lui. Elles ne voient pas pourquoi elles voudraient contrôler l'incontrôlable et elles ont décidé qu'il valait mieux être dans un état vague et engourdi, de faire la fête et de s'amuser.

Dans mon livre, *When you Eat at the Refrigerator, Pull Up a Chair*, j'ai glissé une anecdote sur mon amie Sally, la permissive, que j'ai désignée sous le nom de «mon amie Pourquoi pas!»: «Peu importe mes états d'âme quand j'arrive chez elle, je me surprends à penser: *"Oh! boire du champagne dans des coupes en cristal. Pourquoi pas! Peindre mes ongles d'orteil avec un vernis doré. Pourquoi pas! Relaxer au milieu de la journée dans un bain géant sous les jets des sirènes. Pourquoi pas! Qu'est-ce que j'avais de si important à faire avant d'être ici, de toute façon?"*». Quand je suis avec Sally, j'ai l'impression de participer à une grosse orgie sans la bouffe.

Bien que les permissives et les contrôleuses croient qu'il y aura toujours une pénurie autour d'elles, qu'elles ne pourront pas combler leurs besoins, les contrôleuses réagissent au manque apparent en se privant de leur plein gré, avant qu'on ne le leur impose; les permissives, de leur côté, réagissent en emmagasinant le plus possible avant que la magnificence, l'amour, l'attention s'épuisent. Elles sont celles à qui on attribue à tort le stéréotype de «ronde et joviale» parce que, bien souvent, elles ont l'air d'avoir du plaisir.

Elles ont cet air d'insouciance parce qu'elles refusent d'introduire quoi que ce soit qui nuirait à leur sphère protectrice d'engourdissement. Leur vie s'appuie sur le déni alors que celle des contrôleuses s'appuie sur la privation. Et quand votre survie même dépend de votre façon de traverser la vie, c'est-à-dire en éliminant les fondements de la vérité, ce n'est plus amusant ni drôle.

Néanmoins, comme une majeure partie de la culture demeure à la surface des choses, il semblerait que les permissives aient plus de plaisir. Quand une contrôleuse sort avec une permissive, elle a l'impression d'être en congé scolaire ou en classe de neige. D'être en compagnie d'une extraterrestre.

Quand je vais chez Starbucks avec une amie permissive, moi je commande un petit thé chai infusé dans du lait bio, alors qu'elle prend le Frappucino® format extra grand, aussi en calories, avec un extra de crème fouettée. «Mais il n'est que onze heures du matin» lui dis-je. Elle sourit et me répond: «La vie est courte, chérie, un peu de crème fouettée?»

Vous vous demandez peut-être pourquoi les contrôleuses ne remettent pas leur carte de membre et n'adhèrent pas au groupe des permissives. Si vous devez faire partie d'une catégorie ou l'autre (et c'est vrai pour tout le monde) pourquoi pas les permissives? Pourquoi une personne voudrait se priver alors qu'elle pourrait boire du champagne et manger de la crème fouettée sans retenue en avant-midi?

Faisant partie de la catégorie des contrôleuses, la même question m'est venue à l'esprit. Comme le font les permissives. Quand j'aborde ce problème en retraite, mes étudiantes réagissent de deux façons: elles éprouvent d'abord un grand soulagement et ensuite une envie amère. Elles sont soulagées parce que leur comportement a été exposé au grand jour. Mais elles sont aussi envieuses parce qu'elles veulent être tout ce qu'elles ne sont pas. Les contrôleuses croient tout à coup que leur vie serait meilleure si elles pouvaient renoncer au contrôle. Par contre, les permissives sont convaincues que si elles pouvaient adhérer à un programme alimentaire raisonnable, elles pourraient maigrir.

La sous-catégorie à laquelle nous appartenons ne dépend pas de nous. Comme dit ma mère, cela dépend du lit dans lequel nous sommes nées. Nous sommes venues au monde avec certains penchants, certaines distorsions dans nos perceptions. Des enfants, même des jumeaux, issus des mêmes parents, élevés dans le même environnement perçoivent les événements de façon différente.

D'après mon expérience, dès sa naissance, on appartient soit à la catégorie des permissives, soit à celle des contrôleuses ; ce sont à travers ces lunettes que nous voyons notre famille.

Mais avec ou sans plaisir, la restriction et la permission sont toutes deux des réactions dépassées, des reliques du comportement qui ont peu de valeur dans notre vie actuelle. Elles sont, comme je l'ai dit, des mécanismes de survie. Elles sont des défenses issues de l'enfance que nous utilisons encore pour nous protéger des pertes que nous avons subies.

La restriction et la permission sont des sous-catégories du désordre alimentaire compulsif, lequel représente une métadéfense. La compulsion est un moyen de se protéger soi-même de toute émotion que l'on pense ne pas pouvoir être en mesure de vivre, que l'on croit intolérable. C'est une compulsion parce que le sujet est contraint d'agir. Parce qu'au moment où il agit, il croit ne pas avoir le choix.

Les bébés et les jeunes enfants ne choisissent pas l'environnement dans lequel ils se retrouvent et n'ont pas beaucoup d'options quand leurs protecteurs commettent à leur égard des actes brutaux et abusifs. Contrairement aux adultes qui ont une panoplie de choix, un bébé ne peut que détourner sa tête, c'est tout. Alors que les bébés et les jeunes enfants ne peuvent tolérer de trop souffrir sans se briser, les adultes dotés d'un ego et d'un système nerveux passablement intacts n'ont pas à craindre que la douleur puisse les tuer. Quand nous utilisons sans relâche les mêmes défenses, développées il y a 20 ou 50 ans, nous nous figeons dans le passé. Nous perdons contact avec la réalité. Nous vivons dans le mensonge.

Les contrôleuses contrôlent. Les permissives vivent dans un état léthargique. Les deux groupes ont mis au point des stratégies de survie intelligentes pour doser leur douleur quand elles étaient totalement dépendantes ou impuissantes à agir de leur propre volonté. Mais comme être vulnérable et ouverte ne signifie plus être honteuse, rejetée, abusée ou blessée, la permission et la restriction ne sont plus des stratégies efficaces ou adaptées.

En plaquant constamment les défenses du passé sur notre réalité actuelle, nous créons l'illusion que le passé se continue jusqu'à aujourd'hui. Par conséquent, nous n'avons jamais accès aux nouvelles potentialités offertes par le présent.

Jill Bolte Taylor, une neuroanatomiste diplômée de l'Université Harvard, a décrit son expérience euphorique lors d'un accident vasculaire cérébral (AVC) alors que les fonctions de son cerveau gauche, celles de la pensée linéaire et des repères du passé et du présent, ont cessé de fonctionner.

Une fois sa mémoire des événements disparue, le concept de son moi a disparu également : il n'y avait plus de moi ni de vous. Il n'y avait plus de séparation entre les molécules de sa main et celles d'un lavabo ou d'un brin d'herbe.

De plus, sans les repères du passé imposés par le déroulement momentané du présent, il ne restait chez elle que la paix, que le rayonnement, que la conscience et la profonde admiration de la vie elle-même.

Les maîtres spirituels ont relevé ce même phénomène – moins l'AVC – pendant des milliers d'années : le bonheur absolu qui se produit quand vous arrivez là où vous êtes. Quand vous ne reconstruisez pas le passé à chaque nanoseconde, ce qui est présent est tellement satisfaisant, tellement rempli d'amour, si incroyablement simple que lorsqu'on y a goûté une seule fois, cette expérience modifie toute votre vie. Parce que vous savez maintenant ce qui est possible et que vous refusez de vous satisfaire de moins.

～⌒

Avec mon groupe de 20 étudiantes, qui suit une retraite avec moi, j'organise une rencontre le weekend : je demande à chacune d'apporter son plat préféré. Moi je m'occupe du plat principal et du dessert. J'apporte un saumon entier poché et un gâteau double chocolat. (En ce qui me concerne, ces deux plats pourraient servir de repas entier, bien que je sois conciliante à ajouter quelques légumes et feuilles de laitue, à l'occasion.)

De l'excitation et de l'anticipation traversent la salle. De la bouffe! À manger! Oui! Quand chacune a placé sa nourriture sur la table, on peut y voir 8 miches de pain, 2 meules de fromage, 5 paquets de craquelins, 2 boîtes de biscuits, une salade, un sac de minicarottes, un panier de tomates cerises, et bien sûr le saumon et le gâteau au chocolat.

Les contrôleuses ne veulent manger que leurs aliments: les tomates cerises, la salade et les carottes. Et elles sont furieuses contre moi à cause du gâteau au chocolat.

L'une d'entre elles me lance: «Nous sommes censées travailler ici, analyser nos *problèmes*, pas avoir du plaisir.»

Une autre ajoute: «Comment voulez-vous que j'aie du plaisir à manger quand cette *chose*-là me regarde?»

Mais les permissives sont excitées.

«Où avez-vous acheté ce gâteau? Croyez-vous qu'on en livre au Wyoming?»

«Et combien de portions peut-on avoir?»

Puis une autre permissive, celle qui s'est fait installer un anneau gastrique, demande: «Je ne peux prendre que de petits morceaux à la fois; mais est-ce que vous permettez que je revienne me servir plus tard?»

Il n'y a rien de mieux qu'un gâteau au chocolat à 10 cm de son nez pour révéler sa peur du chaos ou son désir de s'y perdre.

Ce qui explique pourquoi le désordre alimentaire compulsif – et par conséquent la permission et la restriction – est le portail qui mène à ce que Jill Bolte Taylor appelle l'euphorie du moment présent. Dès que vous faites la distinction entre exprimer, par la faim ou par l'excès, l'impulsion qui vous éloigne du moment présent et la conscience de l'impulsion qui vous éloigne, vous n'êtes plus prisonnière du passé.

La conscience et la compulsion ne peuvent coexister puisque le second élément dépend de l'anéantissement du premier. Avec la conscience du désir de vous empiffrer sans vous empiffrer, vous sortez de votre stagnation du passé et arrivez dans le présent : le vous qui est conscient de votre passé sans y être.

Une fois que vous y êtes, vous pouvez commencer à vous demander ce que vous éprouvez, ce que vous entendez et ce que vous voyez. Vous pouvez remarquer des choses nouvelles. C'est comme prendre conscience que votre musique préférée joue depuis des heures, mais vous étiez si prise à regarder des vidéos sur You Tube que vous n'en avez pas entendu une seule note. Ou comme faire une promenade dans la forêt branchée sur votre iPod et un jour, vous réalisez que vous avez raté les craquements des feuilles, les trilles des oiseaux, le parfum du séquoia.

Au début, il est toujours important de porter votre attention sur votre environnement et sur vos gestes. De ne pas essayer d'être ailleurs. De ne pas essayer, comme je dis à mes étudiantes, de changer un seul cheveu de votre tête. Vous êtes assise en face d'un gâteau au chocolat et vous notez que vous le désirez entièrement. Vous ne vous souciez pas du fait que l'anneau gastrique que vous venez de vous faire poser par chirurgie pourrait briser. Vous vous fichez que d'autres personnes du groupe aient leur part. Vous voulez le gâteau pour vous toute seule.

Heureusement que vous portez attention. Vous ne vous jugez pas. Vous ne pensez pas que vouloir le gâteau au complet traduit le genre de personne que vous êtes. Vous ne vous dites pas que vous êtes une égoïste, et que si les autres savaient que vous désirez le gâteau pour vous seule, elles vous ficheraient à la porte. Rien de cela. Vous revenez au moment présent, et comme votre corps est ici et maintenant, et que la faim ou son absence l'est également, vous vous demandez si vous avez faim. Simplement. *Est-ce que j'ai faim ?*

Comme les permissives se servent de la nourriture pour fuir leur corps, elles ne connaissent pas le langage de la faim ni celui de la plénitude. Elles mangent parce que la nourriture est là et parce qu'elles en ont envie, et non parce que leur corps leur parle. Le remède à la fuite de votre corps, est, comme toujours, de savoir que vous l'avez quitté, et d'y revenir graduellement et lentement.

Commencez par prêter attention à votre respiration. Notez toute tension présente dans votre corps. Remuez vos pieds. Sentez la surface de la chaise sur laquelle vous êtes assise ou la surface du sol sur lequel vous vous tenez. Petit à petit, les permissives pourront commencer à reconnaître les signaux de la faim et de la plénitude. Elles pourront commencer à ressentir leurs jambes, leurs bras, leurs ventres.

En revanche, les contrôleuses savent quand elles ont faim (sauf quand le schéma passe du point extrême de l'anorexie à celui de la boulimie) et quand elles en ont assez. Mais elles ne pensent pas à manger ce qu'elles veulent. Le désir leur fait peur : il signifie la perte de contrôle. Et alors, elles commencent lentement à déterminer les aliments qu'elles aimeraient manger, mais qui ne figurent pas sur le bon côté de leur tableau. Devant du yogourt entier, par exemple, la contrôleuse aura, d'habitude, le souffle coupé par l'horreur. De même, la crème fouettée pourrait évoquer la confusion.

Mais, comme je le rappelle à mes collègues de travail contrôleuses, nous ne parlons ici que de nourriture. Si l'idée de manger quelques choux à la crème fouettée a le pouvoir de renverser votre sens du moi prudemment construit, vous devriez découvrir la personne que vous pensez être. Est-elle une fillette qui croit qu'elle doit contrôler son environnement afin que tout et chacun soit heureux et qu'elle soit en sécurité ? Est-elle celle qui croit que moins elle a, moins elle aura de problèmes ?

Quand vous comprenez que vous vous prenez pour l'enfant qui n'existe plus, vous ôtez, métaphoriquement, les écouteurs de vos oreilles et soudain vous êtes consciente du bourdonnement de l'aile du colibri à gorge rouge. Vous mettez en place le processus d'identification de ce qui n'existe plus. Et de ce qui existe ici et maintenant.

~

Quelques mots encore sur les étiquettes.

Chaque femme est à la fois permissive et contrôleuse. La contrôleuse devient permissive dès qu'elle se goinfre. La permissive devient contrôleuse chaque fois qu'elle décide de suivre un programme, même si cette résolution ne dure que deux heures.

L'étiquetage du comportement humain complexe et multidimensionnel comporte certains avantages, mais il peut aussi nous éloigner de la compréhension profonde du comportement étiqueté. Nous sommes attirées par les étiquettes parce que nous sommes soulagées de nous voir, de nous retrouver dans les descriptions. Mais nous finissons souvent par expliquer notre comportement de cette manière : « Ah oui ! Je mangeais ainsi parce que je suis du signe de la Vierge ascendant Scorpion, que je suis l'enfant adulte d'un alcoolique et que je corresponds aussi au type 6 sur le système d'étude de la personnalité et de la connaissance de soi, et que je suis également une permissive.»

Toutefois, les étiquettes peuvent devenir des excuses à la paresse. «Je n'ai pas besoin de savoir pourquoi j'agis ainsi parce que je sais déjà les raisons de mon comportement: je suis une contrôleuse. Si je suis rigide quant à mon alimentation, c'est que les contrôleuses aiment la rigueur. Problème résolu.» Au départ, ce qui s'avérait une façon commode de trouver des similarités dans une liste complexe de comportements, est devenu une façon facile d'écarter ce même comportement comme s'il était déjà connu et compris.

Dans mes retraites, je fais un exposé superficiel sur les comportements extrêmes du désordre alimentaire compulsif, à savoir contrôleuse versus permissive, parce qu'il s'est révélé utile pour préciser des schémas de conduite déconcertants ou douloureux. Mais quand mes étudiantes s'évertuent à déterminer leur comportement par l'une ou l'autre étiquette ou qu'elles utilisent l'étiquette pour justifier leur façon de manger, je leur dis d'oublier toute cette théorie jusqu'aux mots de *permissive* ou de *contrôleuse*.

Si ces sous-catégories vous apprennent quelque chose sur votre relation avec la nourriture, laquelle vous échappait auparavant, utilisez-les. Si ces étiquettes vous mélangent, si vous vous débattez contre elles (ou moi) parce que vous ne vous y retrouvez pas, rappelez-vous qu'elles ne sont que des doigts indicateurs vers le ciel et non le ciel lui-même.

CHAPITRE DOUZE

~⌇~

Si l'amour pouvait parler

Au début, quand j'ai réalisé comme c'était simple de cesser de manger de façon compulsive – manger ce que votre corps veut quand vous avez faim, arrêter quand vous en avez assez – j'ai eu l'impression d'être sortie de la vie telle que je la connaissais et de m'être retrouvée soudain sur une autre galaxie. Comme si j'avais essayé de m'extirper des sables mouvants avec des bottes de plomb et que maintenant, j'avais atterri dans un monde où la gravité n'existait pas. Et tout ce que j'ai eu à faire, tout ce qu'il y avait à faire vraiment, c'était d'ôter mes bottes de plomb.

J'étais convaincue que dès que le mot se serait répandu, dès que les gens réaliseraient qu'ils avaient déjà la réponse à leur détresse alimentaire, l'industrie multimilliardaire des régimes s'effondrerait. Nous aurions atteint notre poids santé et, plus jamais consumées par la consommation, nous pourrions poursuivre en démantelant les armes nucléaires, en mettant fin à notre dépendance en pétrole, et en découvrant des procédures douces contre les paupières tombantes.

Ce fut tout le contraire: on m'a regardée avec suspicion. La faim? Mais qu'est-ce que la faim a à voir avec l'alimentation, et sous divers degrés d'hostilité? Regis Philbin (avant que mon personnage préféré, Hayley a.k.a. Kelly Ripa de la télésérie *La force du destin*, ne devienne sa coanimatrice) a roulé les yeux de surprise et m'a dit: «Oh! allons donc, êtes-vous en train de me dire que si je voulais manger des coupes glacées au chocolat chaud chaque jour pendant trois semaines, je pourrais le faire et perdre du poids?

– Hum, fis-je, eh bien, oui, en quelque sorte.» Regis s'appuya sur le dossier de sa chaise, momentanément sidéré. Mis à part qu'il attendait une réponse de ma part, il se demandait probablement si je pouvais prononcer un mot comportant plus de deux syllabes. Mais, et après quelques décennies plus tard, voici ma réponse: Si vous écoutez vraiment ce que votre corps (pas votre cerveau) veut, vous découvrirez qu'il ne demande pas des coupes glacées au chocolat chaud pendant trois semaines, malgré l'envie et la salivation déclenchées par ces mots.

En plus des besoins de votre corps qui n'est pas pour de la crème et du chocolat chaud, il y a aussi le fait qu'au moment où vous vous dites que vous avez la permission de les manger, l'interdit tombe et les coupes glacées au chocolat apparaissent aussi ordinaires que des sardines.

Demandez à n'importe quelle femme qui est amoureuse d'un homme marié ou d'un amant non disponible, lequel par la suite est tombé en disgrâce. Interrogez-la au sujet de la passion (ou de son absence) quand ledit amant devient disponible et qu'elle peut obtenir ce qu'elle désirait. En amour comme à la table, il est évident qu'il existe un monde de différences entre obtenir ce que vous désirez et vouloir ce qui est impossible.

La plupart d'entre nous sont devenues si hypnotisées par l'intransigeance du problème bouffe et surpoids qu'elles ne voient pas que c'est en majeure partie attribuable à leur refus d'enlever ces fichues bottes. Elles ressemblent aux cobayes d'expériences de cécité inattentionnelle qui se concentrent tellement sur le ballon dans une partie de basket-ball qu'ils ne remarquent jamais la femme costumée en gorille qui cabriole sur le plancher.

Celles d'entre nous qui se concentrent au plus haut point sur la bouffe et le surpoids ne pensent jamais à porter leur attention sur la solution la plus évidente. Elles se disent que la réponse est là-bas et que leur tâche est de la chercher, de ne jamais abandonner jusqu'à ce que la bonne solution soit trouvée. Un mois, ce sont les aliments raffinés. Ensuite, c'est la chimie du cerveau. Il faut trouver le bon remède. Le gène de l'obésité. La dépendance au sucre. L'alimentation correspondant au type sanguin. Les aliments alcalinisants et acidifiants.

Bien qu'en s'attaquant à l'un ou quelques-uns de ces problèmes, cela puisse en fait faciliter leur combat, elles utilisent la chasse aux réponses en vue d'abdiquer leur responsabilité personnelle – et avec elle, toute forme de pouvoir – quant à leur relation avec la nourriture. En soulignant chaque assaut frénétique d'un engagement passionné dans la nouvelle solution, elles démontrent le même manque d'intérêt que si elles regardaient le bout de leurs pieds. Elles se disent : « *Je n'ai pas le pouvoir de changer quoi que ce soit à ce problème.* » Elles veulent en finir, elles veulent être guéries. Mais comme la réponse ne se trouve pas là où elles la cherchent, leurs efforts sont voués à l'échec.

Pour se libérer de son obsession, il faut non pas faire quelque chose, mais apprendre à se connaître. Il faut reconnaître ce qui vous alimente et ce qui vous épuise. Ce que vous aimez et ce que vous croyez aimer, car vous pensez ne pas pouvoir l'obtenir.

～◟

Au cours des premiers mois de mon essor, en quelque sorte, déchargée de mes bottes de plomb, tout aliment ou toute façon de manger (dans la voiture, debout, en cachette) qui m'éloignaient de moi, qui drainaient mon énergie, qui me culpabilisaient ont perdu leur attrait. De l'autre côté de la lune, dans la galaxie antigravité, il devint évident que l'alimentation n'avait qu'un seul but : nourrir le corps.

Et ce corps voulait vivre. Ce corps aimait être en vie. Aimait bouger à son aise. Aimait être capable de voir, d'entendre, de toucher, de sentir, de goûter, et la nourriture était en grande partie responsable de la façon de s'y prendre. Mon mode d'alimentation devint une nouvelle manière de grandir.

∽

Les règles de l'alimentation décrivent les critères d'une alimentation destinée à devenir une nouvelle manière de grandir. Elle se fait dans un climat détendu, elle vous nourrit, vous rend libre et vous garde en vie. J'ai beaucoup écrit sur les règles de l'alimentation dans mes trois premiers livres ; j'en ai fait l'adaptation de versions abrégées dans d'autres livres ; certaines ont été reconnues par l'industrie des régimes amaigrissants.

Néanmoins, elles servent encore, à titre d'indicateurs fondamentaux pour manger de façon intuitive, et sont de fascinants révélateurs de notre mode d'alimentation, et par conséquent, de notre mode de vie.

Je n'ai pas toujours trouvé les règles séduisantes. Au début quand je les enseignais, je les considérais comme un ensemble ennuyeux, mais nécessaire de consignes destinées à se libérer de l'alimentation compulsive. J'adhérais à la perspective culturelle dominante qui voyait l'obsession alimentaire comme étant un banal problème féminin qui devait être extirpé, comme on le ferait avec une tique afin de pouvoir se concentrer sur des préoccupations spirituelles, intellectuelles et politiques plus pressantes.

Mais après avoir travaillé avec autant de femmes en souffrance, je crois que le fait que plus de la moitié des femmes dans ce pays avancent péniblement dans les sables mouvants de l'obsession alimentaire *est* une préoccupation spirituelle, intellectuelle et politique, ce qui signifie que les règles représentent une pratique spirituelle.

Si ces femmes pouvaient se défaire de leur souffrance (en commençant par se servir de la nourriture comme un moyen de soutien plutôt que de punition envers elles-mêmes) et dire la vérité sur leur vie – pour paraphraser la poétesse Muriel Rukeyser – le monde se diviserait.

Et cette division du monde durerait un bout de temps puisque notre objectivation du problème – y compris le corps de la femme – fait partie du désastre apocalyptique dans lequel nous nous trouvons maintenant. Plutôt que de traiter notre corps (et le corps de la terre) avec respect, nous les saccageons, nous les façonnons à notre volonté.

Étant donné le précipice au-dessus duquel nous nous balançons – que nous fassions référence à la fonte des glaciers ou au taux d'obésité juvénile – nous pouvons en conclure avec certitude que notre manière de faire n'est pas la bonne.

Les règles offrent une nouvelle méthode.

Toute personne possède l'équivalent nutritionnel par sa dimension invisible ou spirituelle. Vous pouvez piquer de la nourriture, par exemple, ou cacher à vos amies et à votre famille ce que vous mangez, mais vous pouvez aussi leur cacher vos vraies émotions. Vous pouvez mentir aux gens sur vos croyances, sur vos désirs, sur vos besoins.

Et vous pouvez examiner votre vie en regardant, soit votre mode de vie, soit votre mode d'alimentation. Les deux modes vous donnent accès à ce qui se cache derrière ou dessous votre façon de manger : à cette partie de vous-même qui n'a jamais eu faim, ne s'est jamais goinfrée, n'a jamais pris ni perdu du poids.

⁓

Les permissives et les contrôleuses réagissent de façon remarquablement et totalement opposée par rapport à des conseils concrets (d'une autre personne) et à une structure (comme les règles de l'alimentation) : les premières démontrent la plus grande aversion des conseils, et les secondes, une servile adhésion à la structure. Ces réactions doivent être examinées.

Tant les permissives que les contrôleuses ont besoin d'un genre de boussole, même si elle est légère, comme les règles de l'alimentation, pour avancer péniblement à travers les ténèbres de la compulsion. Bien que ces paroles puissent résonner gentiment : « Cesse de t'en faire. Ta vraie nature va s'occuper de tout », trop souvent elles signifient que vous allez laisser vos manières habituelles et encroûtées de vous nourrir prendre le dessus. C'est-à-dire vos façons bien à vous de vous affamer et de vous empiffrer.

Je reçois souvent des lettres de contrôleuses devenues permissives qui sont en réaction contre des années à se faire dire quoi, quand et combien manger. Elles en ont maintenant assez de toute recommandation s'apparentant à des règles ou à des menus, alors qu'auparavant, elles y étaient si attachées.

La rébellion contre des conseils est l'opposé de l'adhésion servile. Dans un cas comme dans l'autre, vous n'êtes pas libre parce que la règle elle-même est encore déterminée par votre comportement.

Quand les permissives se rebellent contre la structure, ou quand les contrôleuses deviennent des permissives et se rebellent contre la structure, ce n'est pas tant la structure qui cause autant de ravages que la façon de l'interpréter. Les histoires qu'elles se racontent sur elles-mêmes. Le sens qu'elles accordent à la perte ou à la prise de poids. «*Ma vie est perdue à moins de manger chaque petite fois que j'aurai faim pendant les 12 prochaines années; je suis tellement nulle que je suis incapable de savoir quand j'ai faim.*»

Les participantes à mes retraites m'ont appris que peu importe comment je leur présente la chose, il est toujours un peu risqué de donner des conseils sur la nourriture, même quand ils sont saupoudrés de confiance et de beaucoup de chocolat. Les règles, dont le rôle est de vous indiquer le chemin de la relaxation et de la liberté, sont cependant souvent perçues comme étant un autre ensemble de règles à suivre. Un autre ensemble de règles à jeter aux poubelles. Sept nouvelles façons de se rebeller.

Lors d'un repas du midi, il y a quelques années, et à la suite d'un exposé que je venais de donner durant trois heures sur les lignes directrices, j'ai jeté un coup d'œil dans la salle à manger où les participantes avalaient leur repas d'une manière qui ne peut être décrite que par les termes d'orgie frénétique. J'ai regardé mes très chères étudiantes amonceler dans leur assiette tellement de nourriture que la scène du repas, dans le film *Tom Jones,* ressemble à une annonce pour anorexiques.

Quand j'ai réalisé que ma communication savamment construite sur les règles manquait en quelque sorte d'une mise en application, j'ai sonné la cloche et demandé à chacune de déposer sa fourchette. (Attention : Ne PAS essayer avec vos amis ou votre famille. À moins d'être payée pour interrompre son repas, vous courez le risque si vous vous tenez entre une personne affamée et son repas, d'être abattue comme un orignal sur le domaine royal de Balmoral. Même mes adjoints, des amis intimes, m'ont regardée avec un air brutal quand j'ai sonné la cloche du « on dépose sa fourchette ».)

Depuis cet après-midi fatal, nous avons consacré un ou deux repas par jour à faire de l'exploration active des aliments de notre assiette, mais ce déjeuner fut le premier. Après avoir distribué une avalanche de regards venimeux et un « non » très fort, j'en vins directement au point : « Nous venons de passer la matinée à examiner en détail la faim, la satisfaction et les signaux du corps, en fait les règles de l'alimentation. Et je me demande à quel point cela vous influence actuellement. »

Un silence stupéfait s'ensuivit. Puis une personne a eu le courage de demander : « Quelles règles de l'alimentation ? » Une autre réagit : « Ah ! *celles-là.* Qu'est-ce qu'elles ont à voir avec notre repas ? »

Le lendemain, dans l'espoir de faire avorter une rébellion chez mes participantes contre mon ensemble de prescriptions que, selon elles, j'aurais masquées sous l'appellation de règles, j'ai commencé à les nommer les « conseils de si l'amour pouvait parler ». J'ai dit à mes participantes : « Si l'amour pouvait vous parler de la nourriture, il vous dirait : "Mange quand tu as faim, chérie, parce que sinon tu ne pourras pas apprécier le goût des aliments.

« "Et pourquoi devrais-tu faire quelque chose que tu n'apprécieras pas ?" Si l'amour pouvait parler, il te dirait : "Mange ce que ton corps réclame, chérie, sinon tu ne te sentiras pas trop bien. Et pourquoi devrais-tu marcher si tu te sens fatiguée ou déprimée après ce que tu as mangé ?" Si l'amour pouvait parler, mon petit chou à la crème, il te dirait : "Arrête de manger quand tu en as assez, sinon tu sentiras de l'inconfort, et pourquoi perdre ne fut-ce qu'une minute à être inconfortable ?" »

Elles ont aimé ma formule.

Elles ont ri. Elles ont compris que c'était en fait le but recherché par les règles : leur enseigner l'art de se respecter avec la nourriture.

Elles se sont quand même rebellées.

Elles m'ont enseigné que l'alimentation compulsive meurt généralement d'une mort lente, bouchée par bouchée. Vous écoutez les règles (ou les « conseils de si l'amour pouvait parler », selon votre préférence) et vous vous dites : « *Super ! Je pourrais faire cela !* » Puis vous découvrez que vous avez des frissons à dérober de la bouffe, et que vous ne pouvez pas arrêter de grignoter dans le réfrigérateur, et que peut-être qu'être compulsive n'est pas si mal après tout. Mais une fois que vous avez entrevu la possibilité de la liberté, goûté à la facilité de prendre son essor, vous ne pouvez pas reculer. Dès que vous le savez, vous ne pouvez plus l'ignorer.

Pourtant.

L'amour parle, mais il se peut que vous n'ayez pas envie de l'entendre. En plein après-midi, vous pourriez être plus intéressée à vous droguer avec de la bouffe, en dévorant un gâteau à vous toute seule. Cela se déroulera ainsi pendant une période. Je recommande de démarrer lentement. (Si vous intégrez ces conseils à l'intérieur d'un autre projet à entreprendre, comme d'aller au gym cinq jours par semaine après avoir tourné autour pendant six ans, vous vous gonflerez à bloc le moral et vous vous sentirez rapidement dévaluée.)

Remarquez les conseils qui vous conviennent et ceux que vous préférez oublier. Choisissez-en un qui vous attire. Souvenez-vous-en durant toute la semaine. Remarquez les effets qu'il provoque en vous quand vous le suivez et quand vous l'ignorez.

~

Faites confiance au processus, faites confiance à votre désir de liberté. Tôt ou tard, vous cesserez de désirer faire quoi que ce soit qui interfère avec la luminosité croissante que vous avez associée au fait d'être en vie.

Et soyez assurée que, tout comme le papillon qui bat ses ailes déclenche une tornade à l'autre bout du monde, chaque fois qu'une femme aligne son alimentation sur la relaxation, chaque fois qu'elle enlève ses fichues bottes de plomb, les lacets se défont pour le reste d'entre nous.

CHAPITRE TREIZE

Être une coupe glacée au chocolat chaud

Les règles de l'alimentation sont comme des poupées russes : elles sont exactement ce qu'elles semblent être et elles sont aussi des mondes qui s'ouvrent à l'infini sur d'autres mondes. La règle : « Mangez ce que votre corps désire » peut s'interpréter d'abord sur le plan alimentaire. Cependant, une progression perceptible s'ensuivra : vous allez commencer par manger tous les aliments à votre portée et vous allez vous rendre compte, par la suite, que votre réaction traduit votre rébellion contre la règle tacite selon laquelle vous n'avez pas le droit d'avoir ce que vous désirez.

Mais quand vous vous dites que vous avez droit à tout ce que vous désirez, la règle s'effondre ainsi que les réactions contre elle. À votre grand étonnement, vous découvrirez lentement des aliments que vous et votre corps désirez vraiment. Les aliments qui vous donnent de l'énergie, qui vous allument, qui vous soutiennent. Une fois que vous avez réalisé qu'il est possible de bien se sentir en évitant certains aliments et en les remplaçant par d'autres, la compulsion commence à s'éloigner parce que vous avez obtenu quelque chose de mieux : vous avez retrouvé votre vie.

La progression d'une alimentation malsaine vers une alimentation nutritive diffère d'une personne à l'autre. Cependant, si vous continuez à manger de façon vorace, au-delà de quelques semaines, tous ces aliments, à moins qu'ils n'aient eu raison de vous, c'est que vous vous servez de cette règle comme d'une excuse pour vous empiffrer.

La règle « Mangez ce que votre corps désire » signifie aussi désirer ce qui est enviable, selon le désir de son cœur, ce qui inclut la beauté et la nostalgie de savoir ce qui existe sous le monde des apparences. « Tout désir qu'il soit désir d'amour, désir d'être perçu selon notre vraie nature, désir d'une voiture rouge, déclame John Tarrant, correspond au désir de trouver et de comprendre cette mystérieuse profondeur des choses. »

Dans une lettre adressée à Albert Einstein, un enfant demande : « Je veux savoir ce qu'il y a au-dessus du ciel. Ma mère dit que vous pouvez me répondre. » En plaçant l'ensemble de nos désirs dans quelque chose d'aussi tangible que le pouding au caramel, nous annihilons la poésie, le sacré, le désir de notre vie et nous nous résignons à vivre avec un cœur fermé à double tour. La simple recommandation de la règle : « Mangez ce que votre corps désire », vise à mettre au jour ce qui a été gardé secret durant votre vie entière.

Voici la lettre d'une participante :

> *Chaque fois que je mange, j'ai l'impression que je confirme ce que je sais secrètement : je suis une vilaine fille au fin fond de moi, l'amour et la beauté ne sont pas pour moi, je suis seule, damnée et destinée à rester dans ce perpétuel purgatoire. Bien que je sois une bonne citoyenne, que j'apporte ma contribution dans le monde, que je sois engagée dans ma communauté, je reviens toujours aux difficiles et froides vérités que sont ma solitude et les limitations inhérentes à ma vie.*

> *En dépit du fait que je vois un tas de choses disponibles pour moi, je continue de me gaver pour m'interdire de les avoir, et aussi pour me réconforter parce que j'ai le sentiment que je ne les mérite pas ou qu'il ne m'est pas permis de les avoir.*

> *En mangeant, je perpétue mes convictions. Durant la méditation sur l'alimentation*

de samedi, j'ai remarqué que je sentais ma poitrine – mon cœur – physiquement qui se serrait pendant que je mangeais. J'avais mauvaise conscience de manger, et je pensais que quelqu'un m'enlèverait mon plat, alors je me suis serrée moi-même. C'est comme si j'avais construit un mur infranchissable autour de mon cœur, que nulle intimité ne peut traverser. Je garde les gens à distance, et la majeure façon d'y arriver, c'est en mangeant.

Je commence à comprendre que tout ce combat contre la nourriture n'a pas de rapport avec la discipline ou le contrôle de soi ou la négociation avec moi-même; cela n'a rien à voir non plus avec la nourriture. C'est une histoire – une histoire obsédante – sur l'amour, le désir et la possession.

⌒◡

Durant les premières semaines de mon alimentation sans contraintes, j'ai confondu ce que je ne me permettais pas de manger par culpabilité avec ce que mon corps désirait. Et comme je suivais des régimes depuis 17 ans, ma liste d'aliments interdits était longue. Bien que je me sois gavée durant la même période, les goinfreries n'étaient jamais joyeuses.

Après la deuxième et la troisième bouchée, elles devenaient des exercices de torture, comme si je me coupais avec un couteau, et de culpabilité en me lançant sur les murs. Après chaque excès, je me sentais abîmée, désespérée et malade.

Quand je me suis dit que cette fois je pourrais manger ce que je désirais à volonté, – sans la menace d'une diète le lundi matin pour le restant de mes jours – je me suis dirigée droit devant sur les aliments de mon enfance qui m'étaient interdits.

C'était comme si en me permettant de manger ce qui m'était interdit enfant, je pensais que j'obtiendrais ce que je n'avais jamais eu. Comme si, en rejouant la scène de l'alimentation, je pouvais refaire l'intrigue qui s'était développée. En mangeant une glace plutôt que du lait glacé, des biscuits au lieu de biscuits Graham, je planifiais secrètement d'avoir une seconde enfance, avec June et Ward Cleaver comme parents.

Et comme je l'ai écrit auparavant, j'étais si transportée de joie par ma résolution de ne plus jamais suivre de régimes que je n'ai pas remarqué que je flottais sur un nuage de sucre à force de manger seulement, qu'ils soient crus ou cuits, des biscuits aux pépites de chocolat.

J'avais besoin de me prouver que ce que je désirais le plus ne m'était plus interdit, mais ce que je n'avais pas compris, c'était que je ne voulais pas de biscuits ; je voulais éprouver les sentiments qu'ils faisaient naître en moi puisqu'ils n'étaient plus une interdiction : avoir l'impression d'être accueillie, méritante, adorée.

Nulle part et à nulle époque, il n'a été prouvé que la valeur d'une âme, d'un esprit humain, se chiffrait à un nombre sur une échelle. Nous sommes des êtres uniques de lumière, d'espace et d'eau qui ont besoin de ces éléments physiques pour évoluer. Quand nous nous définissons par des mesures ou des poids, quelque chose en nous se révolte.

Nous ne désirons pas tant *manger* des coupes à la glace au chocolat que de vivre une vie qui *soit* une coupe de glace au chocolat. Nous voulons revenir à nous-mêmes. Nous désirons connaître l'émerveillement, la joie et la passion, mais si, à la place, nous avons renoncé à nous-mêmes, si nous avons délaissé nos désirs, si nous avons abandonné nos potentialités derrière nous, nous allons ressentir un vide innommable.

Nous aurons l'impression que quelque chose manque, car quelque chose manque : la connexion à la source de toute douceur, de tout amour, de toute puissance, de toute paix, de toute joie, de toute permanence. Comme nous possédions tout cela, à notre naissance, cela ne peut que nous hanter. C'est comme si nos cellules se rappelaient que la maison était un palais serti de diamants, mais ayant vécu comme des mendiantes tellement longtemps, nous ne sommes plus certaines si le palais n'était pas qu'un rêve. Et si ce l'était, nous pouvons au moins en goûter le souvenir.

Durant les premières bouchées, avant de basculer dans l'engourdissement des excès de table, tous nos désirs nous apparaissent réalisables. Tout ce que nous avons perdu nous est revenu. Et alors, nous nous contentons de la version concrète de notre ancien moi qui se présente sous la forme de nourriture. Et une fois que la nourriture est devenue synonyme de bonté, d'amour, ou d'accomplissement, nous ne pouvons faire autrement que de nous y attacher, peu importe le prix élevé des enjeux.

Peu importe l'avertissement du médecin qu'on ne pourra pas continuer à vivre un mois de plus à cause de notre surpoids. Lorsqu'on est perdue, sans point d'attache, après avoir passé des années séparée de son moi, les menaces d'une crise cardiaque ou de la pression sur les articulations ne nous touchent pas. La mort n'effraie pas celles d'entre nous qui le sont déjà à moitié.

Dans le roman classique *Le Prince et le Pauvre* de Mark Twain, le prince, même vêtu de haillons, continuait de proclamer : « Je suis le roi, je suis le roi, vous ne pouvez pas me contrôler ! » Il est resté inébranlable quant à son appartenance royale même quand personne ne le croyait, même quand on l'a jeté en prison. Mais la plupart d'entre nous ont passé tellement d'années à se questionner sur leur droit à occuper leur espace qu'elles ne connaissent qu'une façon d'être entendues : « Je suis la reine, je suis la reine, vous ne pouvez pas contrôler ma nourriture ! »

Après des années de faim spirituelle et physique troublantes, et après des années à se dire que notre identité passe par notre poids, nous sommes douloureusement sensibles à nous faire dire quoi, quand et combien en manger. C'est comme si à un certain point, notre luminosité libérée mais encore inconsciente se pointait et disait : « Je ne serai pas mise en cage. Je ne serai pas restreinte. »

Tout régime amaigrissant qui prend en charge le problème du surpoids doit également relever le défi de soigner cet aspect de nous qui aspire à contacter cette chose sans nom – le centre de notre cœur, pas la taille de nos cuisses – sans quoi, il sera voué à l'échec. Nous ne désirons pas être minces simplement parce que la minceur est le symbole proclamé de la vie, ou du charme, ou d'une image de santé.

Si cela était vrai, il n'y aurait pas de tribus en Afrique au sein desquelles les femmes vivent grasses, majestueuses et longtemps. Il n'y aurait pas eu de sociétés matriarcales dans lesquelles la fécondité et les formes arrondies des femmes auraient été adorées.

Nous désirons être minces parce qu'à notre époque la minceur est la prétendue devise du bonheur, de la paix et du contentement de soi. Et comme cette devise est un mensonge – les tabloïds sont remplis d'articles sur des célébrités maigres et malheureuses –, la plupart des régimes amaigrissants échouent parce qu'ils ne remplissent pas leur promesse de rendre les gens heureux : la perte de poids ne rend pas les gens heureux. Ni paisibles. Ni contents.

La minceur ne tient pas compte du vide intérieur qui n'a pas de forme, pas de poids, pas de nom. Même un régime complètement réussi équivaut à un échec colossal, car, à l'intérieur du nouveau corps, bat le même cœur en peine. La faim spirituelle ne peut être assouvie sur le plan physique.

⁓

Un célèbre maître zen affirmait : « Le vrai n'existe pas. Le faux n'existe pas. Mais le vrai est vrai et le faux est faux. »

Il en est de même des règles de l'alimentation. Les suivre ne vous mènera pas nécessairement à une vie libérée de votre alimentation émotionnelle. Mais vous ne pouvez pas vous libérer de votre obsession alimentaire sans les suivre. La nourriture agit directement sur notre appétit et notre volonté de vérifier, de discerner ce qui est vrai, de faire l'effort de revenir à ce que nous aimons. La nourriture – comme matière inclinée vers l'esprit – est la connexion directe entre le physique et le spirituel, entre la jouissance gustative et les sentiments du cœur. La passion, la force et la joie ne peuvent s'enraciner dans un corps fatigué, accablé et à moitié mort.

Dans mes ateliers, nous faisons un exercice simple sur l'alimentation : nous distribuons aux participantes une petite tasse contenant trois différents aliments. Une journée, ce peut être un raisin, un morceau de biscuit Graham et un morceau de chocolat Dove. Le lendemain, un chocolat Kiss de Hershey, une chip tortilla et deux raisins secs.

J'effectue cet exercice depuis le début de mes ateliers et chaque fois l'effet est étonnant : quand vous mangez un petit morceau lentement et que vous le regardez, le mettez sous la lumière, le frottez contre vos lèvres, le faites rouler dans la bouche, tous les espoirs, les rêves et les fantaisies que vous avez dissimulés surgissent.

Une participante confesse : « Un seul morceau suffit, mais quand je pense à tous les autres dans le sac, j'ai l'impression de passer à côté de quelque chose. Comme si le grand amour m'attendait et qu'en ne mangeant qu'un seul morceau, je le rejetais. » Nous savions toutes les deux que ce qu'elle disait n'était pas tout à fait vrai. Que si elle mangeait le sac entier, elle serait passée non pas à côté de l'amour mais d'un sentiment de bien-être.

Pourtant, elle plaquait tellement ses croyances de privation et de satisfaction sur la nourriture que, à moins de consentir à chercher ce que la nourriture représentait pour elle, elle continuerait de croire qu'un sac de Kisses lui ouvrirait la voie vers la terre promise.

Vous devez consentir à aller jusqu'au bout. Pour comprendre que la nourriture est un substitut de l'amour, de ses possibilités et de ce que vous appelez la vraie nature de Dieu. Sinon, vous continuerez de gagner et de perdre du poids pour le restant de votre vie. Vous continuerez de faire comme Ponce Pilate, de vous en laver les mains, de vous lamenter et de vous sentir comme une victime.

Et malgré le fait, comme je dis à mes étudiantes, que vous ne seriez pas la seule si vous choisissiez de passer votre vie de cette manière – la majorité des gens aux prises avec la nourriture et leur surpoids font pareil – c'est au moins utile de comprendre qu'il vous revient de faire un choix. Vous devez décider ce que vous allez faire avec, comme écrivait Mary Oliver, « votre unique et précieuse vie de fantaisie ».

～⌒

Si les règles de l'alimentation donnent l'impression d'être une liste de choses à faire – et au premier niveau, c'est vrai –, elles représentent également la description d'une liberté sans bornes qui se trouve à une cuillerée près. Les règles constituent à la fois le sentier qui mène au panorama époustouflant et le panorama lui-même. Elles désignent les moyens de mettre un terme à son alimentation obsessionnelle ; elles décrivent à quoi cela ressemble et quelles sont les émotions ressenties. Elles sont toujours vraies parce qu'elles décrivent la vérité qui s'exprime à travers la nourriture.

Mettre en application les règles de l'alimentation équivaut en soi à une pratique spirituelle, car pour les suivre, il faut tenir compte de la présence, de la conscience et du moment immédiat. Je dis souvent à mes étudiantes que si, au début, tout ce qu'elles réussissent à faire c'est d'être conscientes des règles quand elles mangent, même si c'est pour cinq minutes, elles entreront en contact avec cette partie de leur être qui surpasse leurs désirs conflictuels et leurs réactions conditionnées par la privation et par leurs anciennes faims.

Même si leur partie spirituelle n'avait été contactée par le biais de la nourriture qu'un court instant, il y aura chez elles une inclination naturelle de vouloir continuer d'explorer, de découvrir, d'accéder au lieu qui n'a jamais connu la souffrance – ce qui, après tout, est le rôle qu'exerce toute pratique spirituelle.

Il y a 7 ans, une participante dont c'était la première retraite s'est décrite comme étant «une mauvaise graine». Elle était pourtant une célèbre auteure à succès qui avait une relation amoureuse avec un homme qu'elle aimait. Et pourtant, elle avait une perception négative et conflictuelle d'elle-même qui se traduisait de façon la plus visible par son poids excessif.

Après quelques années de participation aux retraites, elle «s'est réveillée» à elle-même. Elle a compris subitement qu'elle pouvait choisir les activités de son agenda, de son mode de vie. Elle commença à dire non. Aux personnes qu'elle ne voulait pas fréquenter, aux endroits où elle ne voulait pas aller. «J'ai même décliné l'invitation du Cercle des pleurnichardes», raconta-t-elle, un groupe composé de sept femmes qui se rencontrent une fois l'an depuis 20 ans pour dîner et se plaindre de leurs cuisses, de leurs bras et de leurs ventres. «J'ai compris que je n'ai plus rien à prouver à ma mère. Et depuis ma vie a complètement changé. Elle est radieuse.»

Elle ajouta que : «Avant aujourd'hui, mon bien-être n'était pas une priorité. Il était de peu d'importance. Pas même digne d'une considération. Pourquoi quiconque croyant que je suis une mauvaise graine croirait également que je mérite de me sentir merveilleusement bien? Mais aujourd'hui, j'ai ralenti mon rythme. Je suis les règles de l'alimentation non pas pour ce qu'elles sont, mais bien parce que c'est le seul mode d'alimentation qui soit sensé.»

Les maîtres spirituels, faisant partie de toutes les traditions, décrivent la profonde immobilité comme étant l'unique vérité de la véritable nature de l'être humain. Mais cette conception doit être analysée par l'usage de mots et de pratiques parce qu'elle est trop large à assimiler, particulièrement quand les individus sont totalement convaincus d'être pourris jusqu'à l'os. Le but de la pratique spirituelle ou de la religion est de procurer une méthode précise et crédible qui permet d'accéder à l'incroyable.

Dans l'enceinte de la nourriture et du surpoids, les règles de l'alimentation correspondent à la fois à des pratiques spirituelles et physiques. Elles fournissent une juste voie d'accès aussi bien au monde de l'immédiateté qu'à celui du bien-être. Elles décrivent les caractéristiques d'une alimentation normale, sans problème. Dans un tel cas, vous porteriez attention aux messages de votre corps. Vous mangeriez pour vous nourrir. Manger serait un acte d'amour envers vous-même. Les règles représentent exactement la réponse à votre quête lorsque vos articulations douloureuses ou votre surcharge de poids vous épuisent.

Les règles ne sont rien d'autre que le message suivant: votre corps vous appartient et votre mode d'alimentation est l'expression de vous-même. Après toutes ces années, tous ces régimes amaigrissants, tous ces kilos gagnés et perdus, puis reperdus et repris, après ces orgies n'ayant eu pour but que de résister, de vous rebeller et de combattre, vous réalisez que votre alimentation peut finalement être, et l'a toujours été, faite pour vous, seulement vous.

~⁀~

CHAPITRE QUATORZE

Le cri du cœur :
« Ah ! merde alors ! »

Quand Mahatma Gandhi fut abattu, les mots qui s'échappèrent de sa bouche furent : « Ram, Ram » (le nom hindou pour l'incarnation de Dieu). Il a répété ce mantra pendant si longtemps que, même lorsqu'une balle l'atteignit, il ne put que prononcer ce mantra. J'ai entendu dire que le cri du cœur le plus populaire, les premiers mots que l'on dit lors d'une situation problématique – un accident de voiture, une crise, la mort, c'est : « Ah ! merde alors ! » Et la raison selon moi, c'est que lorsque mes étudiantes voient pour la première fois les règles, elles disent toujours : « Ah ! merde alors ! »

– Ah! merde alors! Je ne veux pas.

– Ah! merde alors! Je ne pourrai plus lire mon magazine *People* à la table.

– Ah! merde alors! Pas question. Vous ne pouvez pas m'obliger. »

Le problème de la nourriture occupe, dans notre tête, des pôles opposés. Soit que je peux avoir ce que je veux, soit que je ne peux pas. Soit que la nourriture est géniale et je mange de façon compulsive, soit qu'elle ne l'est pas et je maigris. D'un côté, je souffre, de l'autre, pas. Nous entendons l'une des règles et tout de suite nous songeons à la privation. Aux problèmes. Au refus.

Je n'ai pas le même point de vue sur la question. Quand une personne diabétique me dit qu'elle ne peut pas manger ce qu'elle veut parce que ce qu'elle veut la tuera (et par conséquent, elle se sent en manque), je réponds que ce qui la tuera, c'est son désir d'une vie autre que celle qu'elle possède déjà, un état autre que celui qui est le sien.

Sa torture résulte du manque de lien entre son désir de manger le gâteau entier et le fait tangible que l'ingestion du gâteau l'enverrait dans un coma diabétique. Ce n'est pas la règle qui doit être analysée, c'est son argumentation de la réalité. Ce qui la tue, ce n'est pas son alimentation, c'est son refus d'accepter sa situation.

Une étudiante me déclarait : « La règle qui recommande de manger sans distraction ne me convient pas. Je ne peux pas digérer mon repas sans lire *The New Yorker* et je refuse de cesser de le lire.

— Alors, dites-moi pourquoi vous êtes venue en retraite, ripostais-je.

— Parce que je mange trop. Parce que je suis malheureuse. Parce que j'ai le sentiment d'être incapable de contrôler ma vie.

— Que se passe-t-il quand vous lisez pendant votre repas ?

— Eh bien, je suis tellement prise par la lecture que je ne remarque pas que je mange trop.

— Si la lecture pendant vos repas vous amène à trop manger, et si trop manger vous rend malheureuse, redites-moi pourquoi il est si important pour vous de lire en mangeant.

— Parce que c'est ce que je veux, répondit-elle, avec un air de défi. Parce que cela me rend heureuse. Parce que je vis seule et que je me sens seule si je ne lis pas.

— Donc, vous lisez pour ne pas vous sentir seule ?

— Oui, je suppose que vous pourriez dire cela.

— Et comment le fait de manger seule est-il relié à la solitude ?

248 LES FEMMES, LA NOURRITURE ET DIEU

– Hein! Elle roule les yeux comme pour dire:
« Qui ignore que les gens qui vivent et mangent seuls
se sentent forcément seuls? »

Silence. Puis elle poursuit: « Tout le monde sait
que les personnes qui vivent seules à l'âge de 52 ans
sont des ratées. De vraies ratées. Quand je lis en
mangeant, je n'ai pas à me rappeler que je suis une
ratée.

– Donc, ce n'est pas tant le fait de manger seule
qui est douloureux et le fait de manger seule ne
conduit pas nécessairement à la solitude. C'est ce
que vous vous racontez sur le fait de manger seule
qui vous fait mal. Ce sont les salades que vous vous
racontez. C'est l'histoire d'horreur que vous faites
jouer sans arrêt qui vous rend malheureuse. Moi
aussi je me sentirais malheureuse avec cette histoire
continuelle dans la tête.

– Attendez un instant, objecta-t-elle. Je ne suis
pas prête à mettre de côté *The New Yorker*. J'ai du
plaisir à le lire.

– C'est d'accord, fis-je. Vous n'arrêterez rien
jusqu'à ce que vous soyez prête. Et si le fait de manger
et de lire en même temps vous fait plaisir, alors vous
ne devriez pas cesser. Le but des règles est d'ajouter
plus de plaisir à votre vie, et non le contraire. Mais il
serait bon que vous voyiez l'ensemble de la situation,
pas seulement une partie: manger en lisant ne vous
apporte pas seulement du plaisir. Cela vous cause
aussi de la peine. Ce n'est pas soit l'un, soit l'autre. »

Mes participantes me disent souvent que mon approche n'est pas facile. Il est très difficile d'être consciente, de manger sans distraction. Elles ont beaucoup de mal à arrêter quand elles ont assez mangé.

Comme je dis, l'état de conscience peut sembler difficile à atteindre, car il exige de développer une nouvelle habileté, mais l'absence de conscience l'est tout autant. Les règles de l'alimentation peuvent sembler un défi parce qu'elles mettent en question des habitudes familières, réconfortantes, mais le refus de ne pas suivre les règles – manger dans la voiture tout en parlant au portable, en conduisant, en se mettant du rouge à lèvres, en essayant de croquer une bouchée de hamburger sans tacher sa veste de ketchup – représente également un certain défi.

Il en est de même des émotions. Mes étudiantes me soumettent souvent cette question : « Mais si je suis les règles et que je ne mange pas pour faire partir ma tristesse, alors je suis obligée de la ressentir, et alors quoi ? » Avant de répondre à la partie du « alors quoi », je leur fais voir que leur tristesse est déjà là et que le fait de manger vient ajouter une nouvelle source de tristesse : en effet, une fois la bouffe terminée, leur tristesse de départ est toujours là, sauf que maintenant elle est en plus coiffée de tristesse ou de frustration ou de désespérance à la suite de leur relation conflictuelle avec la nourriture. Contrairement à leur imagination, manger n'a pas fait disparaître leur tristesse, elle l'a doublée.

Il existe plusieurs façons de se priver: vous pouvez vous priver de biscuits ou vous pouvez vous priver du sentiment de bien-être après les avoir mangés. Vous pouvez vous empêcher d'éprouver votre tristesse ou vous pouvez vous empêcher d'éprouver ces sentiments de confiance et de bien-être qui s'ensuivent parce que vous savez que cette tristesse ne vous détruira pas.

À vrai dire, toute autre manière de s'alimenter que celle décrite par les règles de l'alimentation correspond à un mode d'alimentation qui vous a tenu prisonnière et en otage par d'anciennes expériences de privation, de manque et d'absence. Tout reproche que vous faites aux règles de l'alimentation appartient à votre passé. À votre histoire personnelle.

C'est un reproche venant d'une ancienne partie de vous-même qui est déterminée à obtenir ce qu'elle n'a pas eu, à avoir ce qu'on lui a interdit, à montrer à quiconque écoute (ses parents, son frère, son petit ami en deuxième secondaire) qu'elle méritait, qu'elle méritait vraiment d'être remarquée ou vue ou aimée ou appréciée.

Je dis à mes étudiantes: «Quel âge aviez-vous quand votre état diabétique commandait du sucré? Quand vous deviez lire en mangeant pour que les monstres effrayants de votre cerveau ne ruinent pas votre vie? Qui est celle qui veut manger sans fin des sucreries? Est-ce la fillette de 4 ans qui est en colère? Est-ce la fillette de 8 ans qu'on vient de traiter de grosse ? Quelle personne est vraiment en train de ruiner votre vie ? »

Ce problème n'a rien à voir avec la bouffe. Il n'a jamais rien eu à voir avec la bouffe. Et il est même sans rapport avec les émotions. Ce problème a plutôt un lien avec ce qui se cache dessous les émotions, entre elles, au-dessus d'elles. C'est un problème qui concerne les parties de vous que vous pensez être vous. Les parties de vous avec lesquelles vous vous identifiez.

Parfois je demande à mes étudiantes de me dire à quelle personne elles se reportent quand elles disent « je-me-moi ». Je leur demande de me parler de leurs besoins, de leurs désirs, de leurs croyances. Et chaque fois, à 100 % du temps, la personne qu'elles décrivent est une construction, une fabrication matérielle, une image de leur imagination qui se basent sur des insinuations, des conclusions, des histoires, du conditionnement.

Elle se fonde sur l'image qu'elles se faisaient d'elles-mêmes, à la suite de ce que leurs parents leur disaient, comment elles étaient traitées, de qui les aimait ou pas. Avec le temps, un ensemble de généralisations ont formé un tout pour donner ce que les psychologues nomment une « représentation de soi » ou une image de soi et c'est cette image de soi que nous pensons être. Quand nous parlons de « se sentir soi-même », nous faisons référence à cette compilation de souvenirs et de réactions d'autrui à notre égard, parmi lesquels plusieurs se sont passés avant que nous sachions épeler notre nom.

Quand j'ai pris conscience que ma définition entière de moi-même – la personne que je croyais être – était au fond un produit de l'imagination de mes parents, j'ai été à la fois étonnée et folle de joie. On m'avait convaincue de mon manque de valeur depuis tant d'années que j'avais cessé de m'interroger à ce sujet et j'avais grandi comme un arbre tordu par ses difformités.

Ma mère avait passé des années à me dire que j'étais égoïste, et c'était sur cette parcelle d'information que j'avais construit un monument à la déficience. Mais à mesure que j'élargissais le halo de brouillard sur mon «je-me-moi», j'ai vu ma mère qui, à l'âge de 25 ans, était aux prises avec deux jeunes enfants, un mariage sans amour et un besoin désespéré de changer de vie. Avec le peu d'information qu'elle disposait et en faisant du mieux qu'elle pouvait, elle me traitait d'égoïste parce que je désirais plus que ce qu'elle pouvait me donner.

Et comme j'aurais pu mourir pour elle, et comme chaque enfant a besoin de croire que ses parents ont raison, je me suis mise à croire que j'étais la somme de ses limitations. Je me suis vue à travers les yeux d'une femme esseulée, déprimée, troublée, et par fidélité, je n'ai jamais remis en question sa façon de voir les choses. Et puis, il y avait mon père qui me voyait comme une blonde stupide et excentrique. Si vous additionnez ces qualificatifs de blonde stupide et excentrique à ceux lancés par ma mère «égoïste, grosse, pas aimable», vous apercevrez la personne que j'ai crue être pendant près de 50 ans.

Les psychologues tout comme les maîtres spirituels nomment cette version socialisée de nous-mêmes l'«ego» ou la «personnalité» ou le «faux soi». C'est une erreur puisque cela se base sur des insinuations et non sur l'expérience directe. C'est une erreur parce que si votre conception de vous-même se base sur ce que votre mère pensait de vous, et que sa conception d'elle-même se basait sur ce que sa mère pensait d'elle, conception qui se basait sur ce que *sa* mère pensait qu'elle était, alors la conception de vous-même – la personne dont les sentiments sont blessés, qui s'offusque quand on la critique, qui tient absolument à ses opinions, à ses préférences ou à ses idées – se base sur les conceptions de quelqu'un qui ne vous a jamais connue. Votre image de soi est modifiée tant de fois – avec les analogies, les souvenirs et le conditionnement – qu'elle ne forme qu'une galerie de miroirs.

Tu parles d'un grand canular. Vous n'êtes pas qui vous pensez être. À peu près comme tout le monde. Parce que même si les enfants viennent au monde avec une compréhension implicite de qui ils sont, ils n'ont pas de consciente réfléchie d'eux-mêmes. Ils savent qui ils sont, mais ils ne savent pas qu'ils le savent. Et la seule façon de le découvrir, c'est de se voir dans les yeux de ses parents. Nous devenons la personne que nos parents ont vue. Des parcelles de leur imagination. Puis, comme dit Jeanne, mon enseignante, nous passons notre vie à suivre des conseils donnés, il y a 10, 30 ou même 50 ans, par des gens à qui nous ne demanderions pas même notre chemin aujourd'hui.

Alors, quand des participantes me disent qu'elles doivent manger en lisant sinon elles vont mourir, je leur demande quelle partie d'elles-mêmes va mourir. Est-ce la partie qui croit que les personnes à 52 ans sont des ratées parce qu'elles mangent seules? Quand ont-elles appris cela? Qui leur a dit cela? Comme le fait d'être nourries représente l'une des premières façons de savoir que nous étions aimées, et comme nous étions totalement dépendantes de nos parents pour survivre, remettre en question nos croyances confuses sur la nourriture et l'amour peut souvent nous apparaître comme une question de vie et de mort. *« Je vais mourir si je ne mange pas de chocolat maintenant. Je vais mourir si je ne peux pas lire en mangeant. »*

En vérité, ce qui va mourir, ce sont vos croyances sur vous-même. Votre version ancienne, dépassée, préhistorique de vous-même va mourir. Mais aussi longtemps que vous croirez être cette enfant de 2 ou 8 ou 10 ans qui a besoin de faire confiance à sa mère pour survivre, la lecture du magazine *People* ou le repas dans votre voiture seront d'une importance capitale pour vous tout autant que de respirer.

Alors, il n'est pas étonnant que mes participantes, en voyant les règles de l'alimentation s'exclament : « Ah ! merde alors ! »

~~~◦

Analyser votre obsession alimentaire équivaut, en majeure partie, à analyser votre fidélité envers votre ancien et faux ego, puisque les reproches que vous faites aux règles ne proviennent pas d'une version actuelle de votre moi. Regardons les choses en face : il ne faut pas être un génie pour comprendre que si vous mangez à côté du réfrigérateur, vous ne faites pas preuve de gentillesse à votre endroit comme vous le devriez.

Si vous mangez dans votre voiture tout en faisant attention de ne pas frapper la voiture devant vous, il vous sera difficile de goûter la nourriture. Et si vous vous dites que les biscuits cassés ne comptent pas parce que quand les biscuits se cassent, les calories aussi, vous êtes mignonne (d'accord, très mignonne), mais vous vous racontez des histoires. Quand vous vous coupez de très minces tranches d'un gâteau sur le côté chaque fois que vous passez devant, et vous passez devant une douzaine de fois par jour, et que vous vous dites que ces petits morceaux ne comptent pas pour une vraie tranche de gâteau, vous vous contez des mensonges. Vous voulez du gâteau, mais vous ne voulez pas manger de gâteau, alors vous vous inventez un truc pour en manger sans admettre que vous en mangez.

Quand vous dites que voulez maigrir, mais que vous mangez constamment plus qu'à satiété et quand vous dites que vous ne savez pas ce que signifie à satiété, vous ne vous dites pas la vérité. Atteindre la satiété quand on mange n'est pas difficile à ressentir, mais cela requiert votre attention. Vous devez consentir à ralentir parce que cela se produit au milieu d'une bouchée et si vous êtes occupée à lire ou à conduire ou à regarder la télévision, vous raterez son signal. Donc, quand vous faites fi de ce qui pourrait vous aider à cesser de manger de façon émotionnelle, vous devez vous demander si vous désirez vraiment arrêter.

Et si vous pensez alors qu'en ne finissant pas votre assiette, vous giflez tous les affamés de la terre, vous ne vivez pas dans la réalité. Que vous jetiez votre nourriture à la poubelle ou que vous la jetiez dans votre estomac, dans les deux cas, c'est une pure perte. Vous ne règlerez pas la faim dans le monde en finissant la purée aillée de pommes de terre dans votre assiette.

~⌇

Les règles sont intuitives, simples, directes. Un enfant de 4 ans pourrait les suivre. Un enfant de 4 ans, *en fait*, les suit. Avant que n'existe une telle chose comme des conseils pour vous ramener aux messages fondamentaux de votre corps, il y eut une époque où il vous aurait semblé évident de les écouter.

Dès la première réunion, les participantes me lancent leurs protestations : « Mais je travaille dans un bureau où les pauses du midi sont fixées, alors comment puis-je faire pour manger seulement quand j'ai faim ? » ou « j'ai trois enfants âgés de moins de six ans et avant que l'environnement de la maison soit un peu calme, cela va prendre des milliers d'années, alors comment puis-je faire pour manger sans rien pour me distraire ? »

Tout le monde vit des situations particulières. Tout le monde mène une vie qui demande de réinterpréter les règles. Il se peut que vous deviez reculer l'heure de votre lunch pour ressentir la faim. Ou il se peut que vous deviez vous promener durant votre pause repas et manger un petit quelque chose durant la pause café. Il se peut que vous éprouviez le besoin de rencontrer une nutritionniste ou un médecin pour analyser les exigences et les désirs particuliers de votre corps. Vous pourriez avoir besoin de manger seule une fois par semaine ou par jour pour vérifier les différents degrés de votre faim : quand elle surgit, quand elle n'est pas trop forte et quand elle si intense que vous êtes prête à manger n'importe quoi qui ne vous dévore pas d'abord. Tout le monde vit des situations particulières. Mais leur adaptation ne représente pas la difficulté de l'exercice.

La difficulté consiste à vous faire savoir ce que vous savez déjà. Ce que vous saviez à l'âge de 4 ans, mais que vous avez oublié depuis. La difficulté est de vous dissocier du grondement de vos je-ne-peux-pas et de vos je-ne-ferai-pas et de vos laissez-moi-sortir-d'ici, de vous désunir de votre façon habituelle de vous lancer à toute vitesse dans la bouffe, et ce, dans le but que vous puissiez porter votre attention sur la vérité fondamentale : votre être déchargé de son histoire personnelle. Votre être seul avec ses expériences directes, ici et maintenant.

Quand vous êtes assise, quand vous écoutez, quand vous sentez votre corps carrément, vous sentez « la présence animée », comme l'appelait Eckhart Tolle, qui resplendit à travers vous. Cela dépasse toute histoire personnelle. Elle ne provient pas du passé, n'a aucun rapport avec ce qu'on vous aurait déjà raconté. Elle était, chaque minute, présente à l'arrière-plan de votre vie, mais comme vous portiez votre attention au-devant de la scène, aux apparences changeantes, aux drames et aux émotions, vous ne l'avez jamais remarquée. Mais aujourd'hui, vous êtes en mesure de le faire. Et votre relation avec la nourriture peut vous y conduire.

Il existe un schéma perceptible, profond et résistant, une combinaison de sentiments et d'événements, qui définissent notre place dans le monde et nous la rappellent. Et le combat contre la bouffe en fait partie. Vous croyez que vous êtes une personne qui désirera toujours ce qu'elle ne peut pas avoir, que ce soit des cuisses minces ou une vie libre de toute obsession, et puis, vous voyez les règles et quelque chose en vous s'écrie : « Ah ! merde alors ! Pas question ! » C'est compréhensible. Les obsessions sont faites de refus. On pourra se libérer de l'obsession si on interroge les refus. Si on établit des liens avec sa bouffe au lieu d'en dépendre et de «faire comme si».

L'obsession prendra fin quand vous préférerez découvrir votre vraie nature plutôt que d'être fidèle à votre mère ou à votre père. L'obsession prendra fin quand vous prendrez suffisamment soin de vous pour cesser de vous rendre malade avec la nourriture. Quand vous vous aimerez suffisamment pour cesser de vous faire du mal. Qui ne veut pas prendre soin de ce qu'il aime?

Quand vous prêtez attention aux signaux de votre faim, aux désirs de votre corps, aux aliments que vous mangez, au signal de la satiété, vous cessez l'obsession parce que l'obsession et la conscience ne peuvent cohabiter. Quand vous portez attention à vous-même, vous notez la différence entre la fatigue et la faim. Entre la satisfaction et le trop-plein. Entre vouloir crier et vouloir manger.

Plus vous ferez attention, plus vous tomberez sous le charme de ce qui ne vous obsède pas: de ce qui irradie à travers vous. La force vitale qui anime votre corps. Comme la nourriture devient une manière de soutenir cette brillance, tout autre mode d'alimentation qui vous rendrait dépressive ou séparée de votre conscience ou inconfortable perdra de son attrait. Quand cela se produit, vous réalisez petit à petit que vous êtes en train d'être animée par une force qui est Dieu et que vous ne voulez plus vivre autrement.

ÉPILOGUE

Les derniers mots

Nous en sommes à la dernière journée de la retraite. Les 80 femmes qui, il y a 6 jours, désiraient me bâillonner avec du ruban adhésif en toile souhaitent maintenant pouvoir camper dans le hall de méditation jusqu'à la prochaine retraite. Une participante venue de Chicago se confesse : « Je voulais vous tuer durant les méditations sur les aliments, chaque fois que vous me disiez de déposer ma fourchette et de remarquer si j'avais faim. Je me disais : *"je suis plus forte qu'elle ; un petit coup sec sur son cou et je pourrais manger mes fichues crêpes en paix"*. Mais aujourd'hui j'aimerais habiter avec vous à temps plein. Est-ce que Matt y verrait un inconvénient ? »

Je ne me sens pas visée par ces commentaires positifs. Je sais que les changements dans le groupe ne sont pas attribuables à ce que j'ai fait, mais à ce que les participantes ont vu, senti, expérimenté :

il n'y a rien de mieux que de constater que nous n'aimons pas tel aliment dont nous nous sommes pourtant gavées pendant 30 ans. Ou de goûter une fraise pour la première fois de sa vie. Ou de comprendre que la douleur ne tue pas. Que nous sommes plus que la somme de nos histoires, plus que notre personnalité, et que toute situation n'est jamais vouée à l'échec.

Mais il flotte aussi de la peur dans la salle. Une fois que vous avez découvert la joie, vous voulez toujours la sentir. Une fois que vous avez découvert la liberté, vous voulez la capturer, ne jamais la laisser partir. Et alors, je profite du dernier matin pour parler du message fondamental de la retraite : cela n'a rien à voir avec la nourriture ni les sentiments, tout comme aucun état en particulier. La haine est aussi bienvenue que le bonheur. La solitude est aussi mystérieuse que l'extase.

De grandes ouvertures sont parfois suivies de grandes fermetures, mais si votre déception aiguise votre curiosité tout autant que votre joie vous enchante, vous n'aurez pas besoin de vous droguer avec de la bouffe. L'obsession est un chemin surprenant qui vous ramène sans cesse à vous-même. Chaque fois que vous désirez manger alors que vous n'avez pas faim ou que vous n'arrêtez pas de manger alors que vous avez atteint votre niveau de satiété, vous savez que quelque chose est en train de se passer qui nécessite votre gentillesse et votre attention.

« Certaines personnes ont besoin d'aller en Inde, relatais-je à mes étudiantes. Certaines personnes croient qu'elles ont besoin de gourous ou de pratiques ésotériques. Mais vous avez la nourriture, et c'est votre plus grande enseignante. Si vous consentez à vous engager envers vous-même plutôt que de vous fuir, et si vous consentez à être constante plutôt que de vous lancer dans le dernier régime amaigrissant à la mode, vous aurez déjà compris le message que les gens qui vont en Inde vont découvrir. Là dans votre assiette, au beau milieu de votre vie quotidienne, vous avez votre façon de revenir à la vérité. »

Je ne dis vraiment rien de différent que ce que j'ai dit au cours des six derniers jours, mais comme elles ont passé des heures en silence, des heures dans la salle à dîner à comprendre les raisons autres que la faim qui les poussent à manger, elles savent dans leur for intérieur que la raison de leur venue ici était de se libérer de choses, dont ce sentier même qui conduit à ce que plusieurs d'entre nous nomment Dieu.

La difficulté n'est pas celle des grandes ouvertures élevées, aussi spectaculaires et recherchées soient-elles. Les prises de conscience, en particulier en retraite, où chaque moment de la journée est fixé pour soutenir la recherche du monde intérieur, sont des circonstances quotidiennes.

Mais pour les participantes qui retournent à la maison (ou si vous finissez de lire ce livre), le processus de liaison entre les prises de conscience et la réalité quotidienne commence : se rappeler des règles de l'alimentation, sentir son corps, garder du temps le matin pour s'asseoir tranquille, se séparer de La Voix, apprendre et pratiquer la vérification des sensations. Le vrai changement se fait peu à peu. Grâce à de grands efforts, cela deviendra plus facile. Il n'y a pas de remèdes miracles.

L'écrivaine Natalie Goldberg dit que nous sommes toujours en train de pratiquer quelque activité et que la plupart de nous pratiquent la souffrance. Pourquoi ne pas s'exercer à mettre fin à la souffrance au lieu de la perpétuer ? Comme de toute façon vous devez manger, faire bouger votre corps, être consciente de quelque chose, pourquoi ne pas prendre ce temps à vous éveiller plutôt qu'à vous faire mourir ? Existe-t-il quelque chose de mieux à faire avec sa vie ?

Voici les mots d'une participante qui a suivi mes retraites pendant des années :

> *Je poursuis la même vie, avec la même famille et le même emploi qu'avant les retraites et pourtant, je ne suis plus la même personne qui fait ces mêmes choses. J'ai recommencé à éprouver des émotions et cela ne m'a pas anéantie. Je croyais « ressentir » auparavant, mais surtout j'expérimentais ma vie en mode réactif, ce qui m'a éloignée constamment de mes vraies expériences et de mes émotions.*

J'ai passé plusieurs années à faire un mauvais usage de la bouffe, à faire trop d'exercice, à trop travailler, à prendre des drogues et de l'alcool. Je me sentais à l'aise avec l'autodestruction. Mais aujourd'hui, ce corps, cette vie me font me sentir bien.

Jusqu'à aujourd'hui, j'ai pu avoir accès à une certaine forme d'amour grâce à mes enfants. Ma fillette de 4 ans est capable de me déclarer: «Je t'aime 600 chats, jusqu'à la lune aller-retour et 10 petits-déjeuners aux crêpes.» Et ce que j'essaie de dire, c'est que j'apprends à m'aimer 5 milliards de galaxies, 910 fraises et 3 millions de baisers d'éléphant. Depuis que je me donne de la tendresse, ma vie a complètement changé.

～

Quand on utilise la nourriture comme porte d'accès à Dieu, il existe trois étapes prévisibles, qui ressemblent assez à celles que les soufis ont décrites comme étant les trois voyages du sentier spirituel: le Voyage loin de Dieu, le Voyage vers Dieu et le Voyage en Dieu.

Dans la version soufie, le Voyage loin de Dieu correspond à vos croyances selon lesquelles vous êtes l'équivalent de vos actions, de votre poids, de vos réalisations; et alors, vous passez votre temps à essayer de vous auréoler avec les mesures extérieures de la valeur : un corps mince, un gros compte en banque, des bottes magnifiques en cuir verni. Puisque même les gens minces, riches et célèbres vieillissent, ont de la cellulite et meurent, le Voyage loin de Dieu se termine sur une note de déception, 100 % du temps.

Dans la version alimentaire de ce voyage – le Voyage loin de vous-même – vous passez des années, parfois une vie entière, à suivre des régimes, à jeûner, à vous empiffrer, à faire de la gym et soudain, à rester sur le divan, car vous refusez de faire un exercice de plus. Durant cette étape, votre objectif principal est de vous guérir, d'atteindre votre poids idéal et de vous débarrasser à tout jamais de l'obsession de la bouffe.

Puisque votre relation avec la bouffe est un portrait à petite échelle de votre relation avec votre vie (et de vos croyances sur l'abondance, la privation, la peur, la bienveillance, Dieu), tout effort qui tentera de changer la partie alimentaire sans changer également les croyances, comme dans la version soufie, se terminera aussi sur une note de déception, 100 % du temps.

Selon les soufis, le voyage suivant – le Voyage vers Dieu – est aussi rempli de déceptions. Vous essayez d'arrêter le courant sans fin de vos pensées et elles continuent de jouer leurs airs en folie. Vous décidez que vous allez faire disparaître totalement le jugement, le mal, la colère, la haine et vous finissez par souhaiter que votre voisin glisse accidentellement sur une peau de banane et meure. Vous faites la rencontre d'un guide spirituel qui semble être l'incarnation de la sagesse et de la pureté, et qui finit par coucher avec 16 de ses disciples.

Dans la version alimentaire, ce Voyage vers vous est également frustrant. Vous cessez les régimes amaigrissants. Vous mangez ce que votre corps désire. Vous réalisez que votre mode alimentaire n'a rien à voir avec un manque de volonté, mais plutôt avec un manque de compréhension. D'autant que vous désirez maigrir, vous réalisez soudain que conserver le même poids, et continuer à vivre ses problèmes inhérents, cela vous semble familier et réconfortant. Vous ne voulez pas vous défaire ni de votre poids ni du drame qui l'entoure. Vous avez passé votre vie à agoniser sur votre poids et maintenant que la fin est en vue, vous courez dans le sens inverse.

Le troisième voyage – le Voyage en Dieu – est le même dans la tradition soufie que dans sa version alimentaire. Dans ce voyage, vous mettez un terme à la quête du plus et du meilleur. Vous ne vivez plus comme si cette vie était la répétition d'un défilé de mode en vue de la prochaine vie.

L'authenticité, et non la volonté d'être bonne, commence à infuser vos actions. Par des pratiques comme les règles de l'alimentation, la méditation et la vérification des sensations, vous réalisez peu à peu que vous êtes déjà entière et qu'il n'y a pas d'examen à passer, pas de course à finir ; même la douleur devient un nouveau portail, une nouvelle chance de reconnaître les lieux d'où l'amour semblait absent.

~⌒

Quand vous regardez le monde à travers des lunettes brisées, le monde semble en mille morceaux. Quand vous mangez d'une telle façon parce que vous croyez que vous êtes dans l'erreur sinon, la liberté n'est pas libre. Quand vous êtes encore limitée par des croyances sur le bien et le mal, peu importe ce que vous mangez ou ce que vous pesez, vous êtes encore en train de vous agiter par obsession. Vous êtes encore en train de payer la facture pour occuper un espace en kilos de chair.

À moins de ralentir, à moins de vraiment porter de l'intérêt aux croyances et aux besoins que vous empilez sur le dessus de votre nourriture, vous continuerez de vivre dans les limbes où le goût des aliments est tout ce que vous connaîtrez du paradis, et où la taille de vos cuisses est tout ce que vous connaîtrez de l'enfer.

Mais il n'est pas nécessaire que cela se déroule ainsi. L'état de sainteté ne réside ni dans vos réalisations, ni dans vos aliments, ni dans votre poids. Il existe quelque chose de mieux que de rouler sans fin le rocher de l'obsession jusqu'au sommet de la montagne : c'est de le faire descendre. Et si vous

consentez à vous abstenir des régimes et que vous
avez besoin d'une solution instantanée, et si vous
voulez vous servir de votre relation avec la nourriture
comme d'un sentier plein de surprises, vous découvrirez que Dieu a été présent tout au cours de la
route. Dans le chagrin de toute fin, dans l'émerveillement de tout commencement. Dans le bruit et
dans le silence, dans les bouleversements et dans les
vagues de paix. À chaque moment de gentillesse,
vous couvrez de soins votre cœur brisé ou vos cuisses
rondes, avec chaque respiration que vous prenez,
Dieu est présent. Dieu est vous.

Remerciements

Je n'aurais jamais pu écrire ce livre sans les témoignages de mes étudiantes de retraite. Merci à chacune de vous, particulièrement à celles qui m'ont permis d'utiliser leurs mots et leurs histoires personnelles. Menno de Lange, Chohan Jane Neale et Loren Matthews, ma fabuleuse équipe, transforment chaque retraite en une pure joie d'enseigner grâce à leur soutien véritable. L'imperturbable Judy Ross coordonne chaque détail de façon parfaite. Et de chaleureux remerciements à Premsiri Lewin, Glenn Francis et Sara Hurley pour leurs inoubliables contributions tout au long du parcours.

Anne Lamott et Kim Rosen ont insufflé au manuscrit leur sagesse et leur sens de l'impeccable. Je vous remercie d'être mes amies et de m'avoir sauvée de (et de m'avoir ramenée à) moi-même. Également, sans Maureen Nemeth, mon bras droit, je serais encore en train de me débattre dans l'arrière-salle avec la souris et les dix mille feuilles de papier.

J'éprouve des vagues de gratitude envers Ned Leavitt, mon agent, qui est l'un des plus grand fans de Dieu; Dan Smetanka qui être resté avec moi durant cette aventure mouvementée; Whitney Frick qui m'a fait voir de belles intuitions; Susan Moldow qui a cru en ce livre; et envers Beth Wareham, l'agente extravagante de mes rêves qui est tout feu tout flamme. Rosemary Ellis, Jenny Cook, Denise Foley et Judy Stone qui sont du magazine *Good Housekeeping* m'apportent leurs conseils depuis longtemps pour mes chroniques mensuelles.

Pour son amour infini, je remercie Jeanne Hay pour l'éternité. Ma vie a complètement changé à cause de l'École Ridhwan et je serai toujours reconnaissante à Hameed Ali et à l'équipe des professeurs, dont Alia Johnson, Deborah Ussery et Morton Letofksy. Je veux remercier mes professeurs bouddhistes – Joseph Goldstein, Jack Kornfield, Stephen Levine, Lama Yeshe, Lama Zopa, Gonpo Tseden et Dan Brown – qui, à travers les années, m'ont conduite aux portes de la conscience et ont soutenu mon amour pour elle.

Catherine Ingram m'accompagne encore dans mes élans vers le palais de lumière d'étoiles. Barbara Renshaw m'a aidée à bien des égards, trop nombreux pour être énumérés ici, mais dont la nature profonde et réelle a modifié ma vie.

J'aimerais remercier Jace Schinderman, Taj Inayat, Mayuri Onerheim, Sandra Maitri, Roseanne Annoni, Rick Foster, Greg Hicks, Allison Post, Karen Johnson et ma mère Ruth Wiggs, qui apportent dans ma vie de nombreuses preuves d'amour et de bien-être.

Parmi tous les gens qui vivent sur terre, j'ai le privilège de partager ma vie avec Matt Weinstein. Ton amour me donne la sensation de vivre dans la lumière infinie, d'être l'épouse de l'émerveillement même.

ANNEXES

La vérification des sensations

La vérification des sensations peut se faire à toute heure et en tous lieux – seule, avec une amie, avec un professeur. Quand j'enseigne la technique de la vérification dans les retraites, je l'enseigne comme si c'était un exercice d'écriture. Je demande aux participantes de commencer par se poser une question, quelque chose qu'elles ne savent pas, mais qu'elles aimeraient connaître.

Si elles sont conscientes d'un problème qu'elles vivent, mais pensent qu'elles en connaissent la raison et les moyens de le résoudre, il n'y a pas lieu de procéder à la vérification. La vérification des sensations est efficace parce qu'elle est un processus de questionnement à l'infini, parce qu'elle suscite la vraie curiosité.

Lors de la pratique de la vérification, vous percevez la nature de la personne que vous pensiez être et que vous n'avez jamais remise en question. Cette technique vous permet d'entrer en contact direct avec tout ce qui dépasse la description de votre problème : les mondes infinis et inconnus qui se trouvent au-delà de votre pensée analytique quotidienne.

Voici les consignes que je donne aux participantes :

> ➤ Réservez-vous 20 minutes au cours desquelles vous ne serez pas dérangée.

> ➤ Sentez votre corps. Sentez la surface sur laquelle vous êtes assise. Remarquez les parties de votre peau qui sont en contact avec vos vêtements. Prenez conscience de vos pieds qui touchent le sol. Sentez que vous habitez vos bras, vos jambes, votre poitrine, vos mains.

> ➤ Demandez-vous quelles sont les sensations que vous éprouvez maintenant et à quels endroits. Soyez précise. Est-ce que vous sentez du picotement, de la pulsation, de la pression ? Avez-vous froid ou chaud ? Est-ce que les sensations se logent dans votre poitrine, votre dos, votre gorge ou dans vos bras ?

> ➤ Commencez par les sensations les plus fortes et posez-vous ces questions : Est-ce que la sensation possède une forme, un volume, une texture, une couleur ? Quel est son effet sur moi ? Est-ce une sensation que je trouve

difficile à supporter? M'est-elle familière?
Quel âge ai-je quand je sens cette sensation? Que se passe-t-il quand je ressens cette sensation telle quelle?

➤ À ce stade-ci, il se peut que vous commenciez à associer une sensation à un souvenir ou à une émotion particulière comme la tristesse ou la solitude. Et vous pourriez réagir en vous refermant, en quittant les lieux ou en cessant d'écrire. Rappelez-vous que la sensation est une expérience immédiate, primaire, logée dans votre corps, tandis qu'une réaction est une expérience secondaire, logée dansle cerveau. Voici quelques exemples de réactions: vouloir manger de façon compulsive, se dire que la douleur ne finira jamais, comparer votre sensation du moment avec votre désir d'une sensation autre, comparer l'expérience actuelle avec une expérience du passé, vous comparer avec quelqu'un d'autre, fabuler sur les événements présents.

Dès que vous remarquez que vous réagissez à votre expérience sensorielle, revenez dans votre corps. Vérifiez les sensations qui se passent dans votre poitrine, vos jambes, votre dos, votre ventre. La vérification des sensations a pour objet de vous permettre de vivre une expérience directe et immédiate et non pas d'inventer une histoire dans votre tête.

➤ Reconnaissez, déterminez et rejetez La Voix. Quand vous vous sentez insignifiante, écrasée ou impuissante, c'est d'habitude le signe que La Voix est présente. La Voix dit des choses telles que : « Tu ne seras jamais assez bien » ; « tu ne changeras jamais » ; « tu mérites de souffrir » ; « tu es une personne ratée, méchante, détestable, stupide, sans valeur, grosse, laide. » Tout sentiment de honte appartient à La Voix.

Pour continuer la vérification des sensations, il faut que vous vous sépariez de La Voix puisque son intention est de vous garder circonscrite à l'intérieur de *ses* définitions de sécurité et de maintenir le *statu quo*.

Si la reconnaissance de sa présence ne suffit pas à la dissiper, vous pouvez lui dire : « Recule ! » ou « va-t'en ! » ou « va trouver quelqu'un à ta taille. » Des ordres courts. Des ordres simples. Un divorce réussi désamorce La Voix et libère les sensations.

➤ Chaque fois que vous remarquez vous être engagée dans une réaction ou distraite, confuse, engourdie ou déphasée, revenez aux sensations de votre corps.

➤ Portez votre attention aux choses secrètes, aux pensées ou aux émotions que vous avez censurées. Quand elles surgissent, démontrez de la curiosité à leur endroit, à ce qu'elles cachent.

➤ N'essayez pas de diriger la vérification des sens avec votre cerveau. Si vous avez un ordre du jour ou des préférences (c'est-à-dire que vous ne voulez pas éprouver des émotions de manque, de colère ou de haine), la vérification ne pourra pas se faire. Comme disent les bouddhistes du Tibet : « Soyez comme l'enfant qui s'émerveille de toute chose. »

Rappelez-vous : la vérification des sensations est une pratique. Ce n'est pas quelque chose qui « s'obtient » la première ou la dixième fois. Vous ne pratiquez pas la vérification des sensations pour obtenir quelque chose ; vous la pratiquez parce que vous désirez savoir qui vous êtes quand vous n'êtes pas conditionnée par votre passé ni par vos conceptions sur ce que devrait être une bonne personne. Chaque fois que vous la pratiquez, vous en apprenez plus. Chaque fois que vous en apprenez plus, vous continuez le processus de démanteler la version dépassée, répétitive de votre (ego) moi. La vérification des sensations vous donne, chaque fois que vous la pratiquez, la chance de découvrir que vous n'êtes pas la personne que vous pensiez être. Quel soulagement !

Les règles de l'alimentation

① Mangez quand vous avez faim.

② Mangez assise et dans un environnement calme, ce qui exclut la voiture.

③ Mangez sans distractions, c'est-à-dire sans la radio, la télévision, les journaux, les livres, les conversations intenses ou anxiogènes et la musique.

④ Mangez quand votre corps vous le demande.

⑤ Mangez jusqu'à satiété.

⑥ Mangez (avec l'intention d'être) devant les gens et non en cachette.

⑦ Mangez avec jouissance, délectation et plaisir.

CHEZ LE MÊME ÉDITEUR

45 SECONDES QUI CHANGERONT VOTRE VIE *Don Failla*

52 FAÇONS DE DÉVELOPPER SON ESTIME PERSONNELLE ET SA CONFIANCE EN SOI *Catherine E. Rollins*

À LA SANTÉ DE VOTRE RETOUR AU TRAVAIL ! *Annick Thibodeau, Mélanie et Mylène Grégoire*

AGENDA DU MIEUX-ÊTRE (L') *Un monde différent*

AGENDA DU SUCCÈS (L') (Format poche) *Un monde différent*

AGENDA DU SUCCÈS (L') (Format régulier) *Un monde différent*

AGENDA MIRA *Un monde différent*

ALLEZ AU BOUT DE VOS RÊVES *Tom Barrett*

ALLUMEUR D'ÉTINCELLES (L') *Marc André Morel*

AMOUR DE SOI (L') *Marc Gervais*

ANGE DE L'ESPOIR (L') *Og Mandino*

ANXIÉTÉ : UN MESSAGE À DÉCHIFFRER (L') *Édith Bertrand et Marilou Brousseau*

APPRENTI-MILLIONNAIRE *Marc Fisher*

APPRIVOISER SES PEURS *Agathe Bernier*

ATHLÈTE DE LA VIE (nouvelle édition) *Thierry Schneider*

ATTIREZ LA PROSPÉRITÉ *Robert Griswold*

ATTITUDE 101 *John C. Maxwell*

ATTITUDE D'UN GAGNANT *Denis Waitley*

ATTITUDE GAGNANTE (UNE) *John C. Maxwell*

AUGMENTEZ VOTRE INTELLIGENCE FINANCIÈRE *Robert T. Kiyosaki*

AVANT DE QUITTER VOTRE EMPLOI *Robert T. Kiyosaki*

BOUSSOLE (LA) *Tammy Kling et John Spencer Ellis*

CE QU'IL FAUT SAVOIR AVANT DE MOURIR *John Izzo*

CES PARENTS QUE TOUT ENFANT EST EN DROIT D'AVOIR *Claire Pimparé*

C'EST BEAU LA VIE *Christine Michaud*

CHOIX (LE) *Og Mandino*

CLÉ (LA) *Joe Vitale*

CŒUR AUX VENTES (LE) *Jean-Pierre Lauzier*

COMMENT SE FAIRE DES AMIS GRÂCE À LA CONVERSATION *Don Gabor*

COMMENT SE FIXER DES BUTS ET LES ATTEINDRE *Jack E. Addington*

COMMUNIQUER EN PUBLIC : UN DÉFI PASSIONNANT *Patrick Leroux*

COMMUNIQUER : UN ART QUI S'APPREND *Lise Langevin Hogue*

COUPLE MILLIONNAIRE DE L'IMMOBILIER *Ginette Méroz et Jacques Lépine*

CROIRE… C'EST VOIR *Dr Wayne Dyer*

CROISADE DES ENFANTS (LA) *A.B. Winter*

CROYEZ EN VOUS MÊME SI ON VOUS TROUVE FOU ! *Marc Fisher*

DE DONS EN MIRACLES *F. Vaughan / R. Walsh*

DE LA PART D'UN AMI *Anthony Robbins*

DÉCOUVREZ VOTRE DESTINÉE *Robin S. Sharma*

DÉCOUVREZ VOTRE MISSION PERSONNELLE *Nicole Gratton*

DÉVELOPPEZ HABILEMENT VOS RELATIONS HUMAINES *L. T. Giblin*

DÉVELOPPEZ VOTRE LEADERSHIP *John C. Maxwell*

DEVENEZ INFLUENT *Tony Zeiss*

DEVENEZ LA PERSONNE QUE VOUS RÊVEZ D'ÊTRE (Format poche) *Robert H. Schuller*

DEVENEZ UNE PERSONNE D'INFLUENCE *J.C. Maxwell*

DIFFÉRENT, TOUT COMME MOI *Ron Hall, Denver Moore et Lynn Vincent*

DIX COMMANDEMENTS POUR UNE VIE MEILLEURE (Format poche) *Og Mandino*

DIX SECRETS DU SUCCÈS ET DE LA PAIX INTÉRIEURE (LES) *Wayne W. Dyer*

DONNER SANS COMPTER *Bob Burg, John David Mann*

ÉCOLE DES AFFAIRES (L') NOUVELLE ÉDITION *R. T. Kiyosaki*

ELLE ET LUI *Willard F. Harley*

EMPOWER *Isabelle Fontaine*

EN ROUTE VERS LE SUCCÈS *Rosaire Desrosby*

ENTREPRENDRE ET RÉUSSIR *Jean Lepage*

ENVERS DE MA VIE (L') *Marie-Chantal Toupin*

ÉQUILIBRISTE (L') *Philip Blanc et Éric Hubler*

ESPRIT QUI ANIME LES GAGNANTS (L') *Art Garner*

ET SI ON CHOISISSAIT D'ÊTRE HEUREUX ! *Nicholas Gaitan*

ÉVEILLEZ L'ÉTINCELLE *Rensselaer / Hubbard*

EXCELLENCE, UNE ATTITUDE À ADOPTER (L') *Robin Sharma*

FACTEUR D'ATTRACTION (LE) *Joe Vitale*

FAIRE AU JOURD'HUI CE QUE TOUS FERONT DE MAIN *Thierry Schneider*

FAVORISEZ LE LEADERSHIP DE VOS ENFANTS *Robin S. Sharma*

FEMMES, LA NOURRITURE ET DIEU (LES) *Geneen Roth*

FISH ! *Stephen C. Lundin*

FONCEUR (LE) (Format poche) *Peter B. Kyne*

FORMATION 101 *John C. Maxwell*

FUIR SA SÉCURITÉ *Richard Bach*

GRAINES D'ÉVEIL *Vincent Thibault*

GRANDE MASCARADE (LA) (Format poche) *A.B. Winter*

GUÉRIR DE L'INGUÉRISSABLE *Jocelyn Demers*

GUIDE DE SURVIE PAR L'ESTIME DE SOI *Aline Lévesque*

GUIDE POUR INVESTIR *R. T. Kiyosaki*

HEUREUX SANS RAISON *Marci Shimoff*

HOMME EST LE REFLET DE SES PENSÉES (L') *James Allen*

HOMME LE PLUS RICHE DE BABYLONE (L') *George S. Clason*

HUIT PILIERS DE LA PROSPÉRITÉ (LES) *James Allen*

IMPARFAITE, ET ALORS ? *Julie Beaupré et Anik Routhier*

INDÉPENDANCE FINANCIÈRE AUTOMATIQUE (L') *Jacques Lépine*

INDÉPENDANCE FINANCIÈRE GRÂCE À L'IMMOBILIER (L') *Jacques Lépine*

LEADER, AVEZ-VOUS CE QU'IL FAUT ? *John C. Maxwell*

LEADER SANS TITRE (LE) *Robin Sharma*

LEADERSHIP 101 *John C. Maxwell*

LOIS DE L'HARMONIE (LES) *Wayne W. Dyer*

LOIS DYNAMIQUES DE LA PROSPÉRITÉ (LES) *Catherine Ponder*

MAGIE DE CROIRE (LA) *Claude M. Bristol*

MAGIE DE VOIR GRAND (LA) *David J. Schwartz*

MAÎTRISE DE SA DESTINÉE (LA) *James Allen*

MARKETING DE RÉSEAUX (LE) (Format poche) *Janusz Szajna*

MARKETING DE RÉSEAU 101 *Rubino / J. Terhume*

MAUX POUR LE DIRE (LES) *Suzanne Couture*

MÉGAVIE... MON STYLE DE VIE *Robin S. Sharma*

MEILLEURE FAÇON DE VIVRE (UNE) *Og Mandino*

MÉMORANDUM DE DIEU (LE) (Format poche) *Og Mandino*

MERCI LA VIE *Deborah Norville*

MESSAGERS DE LUMIÈRE *Neale Donald Walsch*

MES VALEURS, MON TEMPS, MA VIE ! *Hyrum W. Smith*

MILLIONNAIRE DU BONHEUR *Maxime Gilbert*

MILLIONNAIRE PARESSEUX (LE) *Marc Fisher*

MIRACLE DE L'INTENTION (LE) *Pat Davis*

MOINE QUI VENDIT SA FERRARI (LE) *Robin S. Sharma*

NÉ POUR GAGNER *L. Timberlake*

NOS ENFANTS RICHES ET BRILLANTS *R. T. Kiyosaki*

OBSESSION *Lloyd C. Douglas*

ODE À LA JOIE (L') *A.B. Winter*

ON SE CALME *Louise Lacourse*

OPTIMISEZ VOTRE ÉQUIPE *Patrick Lencioni*

OUVERTURE DU CŒUR (L') *Marc Fisher*

OUVREZ VOTRE ESPRIT POUR RECEVOIR *Catherine Ponder*

OUVREZ-VOUS À LA PROSPÉRITÉ *Catherine Ponder*

PASSEZ AU VERT *Sloan Barnett*

PASSION.WEB *Gary Vaynerchuk*

PENSÉE POSITIVE (LA) *Norman V. Peale*

PÈRE RICHE, PÈRE PAUVRE *R. T. Kiyosaki*

PÈRE RICHE, PÈRE PAUVRE, LA SUITE *R. T. Kiyosaki*

PERSONNALITÉ PLUS *Florence Littauer*

PETITES DOUCEURS POUR LE CŒUR *Nicole Charest*

PETITES DOUCEURS POUR LE CŒUR 2 *Nicole Charest*

PLUS GRAND MIRACLE DU MONDE (LE) *Og Mandino*

PLUS GRAND MYSTÈRE DU MONDE (LE) *Og Mandino*

PLUS GRAND SUCCÈS DU MONDE (LE) *Og Mandino*

PLUS GRAND VENDEUR DU MONDE (LE) *Og Mandino*

PLUS GRAND VENDEUR DU MONDE (LE) TOME 2 *Og Mandino*

PLUS VIEUX SECRET DU MONDE (LE) *Marc Fisher*

POUVOIR MAGIQUE DES RELATIONS D'AFFAIRES (LE) *Timothy L. Templeton*

POUVOIR TRIOMPHANT DE L'AMOUR (LE) *Catherine Ponder*

PROGRESSER À PAS DE GÉANT *Anthony Robbins*

PROPOS SUR LA DIFFÉRENCE *Roger Drolet*

PROVOQUEZ LE LEADERSHIP *John C. Maxwell*

QUAND ON VEUT, ON PEUT ! *Norman V. Peale*

QUI VA PLEURER... QUAND VOUS MOURREZ ? *Robin S. Sharma*

RACCOURCI VERS LA RÉUSSITE
  Paul-Gérald Farmer
RÈGLES ONT CHANGÉ! (LES) Bill
  Quain
RELATIONS 101 John C. Maxwell
RELATIONS EFFICACES POUR UN
  LEADERSHIP EFFICACE John C.
  Maxwell
RELATIONS HUMAINES, SECRET
  DE LA RÉUSSITE (LES)
  Elmer Wheeler
RENAISSANCE (LA) Marc Gervais
RENDEZ-VOUS AU SOMMET Zig
  Ziglar
RETOUR DU CHIFFONNIER (LE)
  Og Mandino
RÉUSSIR SA VIE Marc Gervais
SAGESSE DES MOTS (LA) Baltasar
  Gracián
SAGESSE DU MOINE QUI VENDIT
  SA FERRARI (LA) Robin S. Sharma
S'AIMER SOI-MÊME Robert H.
  Schuller
SAINT, LE SURFEUR ET LA PDG
  (LE) Robin S. Sharma
SAVOIR VIVRE Lucien Auger
SECRET (LE) Rhonda Byrne
SECRET DE LA ROSE (LE) Marc
  Fisher
SECRET DE LA FORME AU
  QUOTIDIEN (LE) Sonja Schneider
SECRET DU POUVOIR DES ADOS
  (LE) Paul Harrington
SECRET EST DANS LE PLAISIR
  (LE) Marguerite Wolfe
SECRETS D'UNE
  COMMUNICATION RÉUSSIE
  (LES) Larry King
S'ÉPANOUIR ET RÉUSSIR SES
  ÉTUDES Pierre Bovo
SOMMEIL IDÉAL (LE) Nicole Gratton

SOURCE DE BONHEURS ET DE
  BIENFAITS Vincent Thibault
STRATÉGIES DE PROSPÉRITÉ Jim
  Rohn
STRESS: LÂCHEZ PRISE
  NOUVELLE ÉDITION Guy Finley
SUCCÈS N'EST PAS LE FRUIT DU
  HASARD (LE) Tommy Newberry
SUCCÈS SELON JACK (LE) Jack
  Canfield
SYNCHRONISATION DES ONDES
  CÉRÉBRALES (LA) Ilchi Lee
TENDRESSE (LA) A. Lévesque
TESTAMENT DU MILLIONNAIRE
  (LE) Marc Fisher
TOUJOURS PLUS HAUT Michael
  J. Fox
TOUT EST DANS L'ATTITUDE Jeff
  Keller
TRACEZ VOTRE DESTINÉE
  PROFESSIONNELLE Mélanie et
  Mylène Grégoire
ULTIME ÉCHELON (L') Marshall
  Goldsmith
ULTIMES SECRETS DE LA
  CONFIANCE EN SOI (LES)
  Dr Robert Anthony
UN Richard Bach
UNIVERS DE LA POSSIBILITÉ (L')
  B. et R. Zander
VAINCRE L'ADVERSITÉ John C.
  Maxwell
VOIES DE LA RÉUSSITE (LES)
  Collectif
VOTRE PASSE-PARTOUT VERS
  LES RICHESSES Napoleon Hill
VOUS² Price Pritchett
VOUS INC. Burke Hedges
WEEK-END POUR CHANGER
  VOTRE VIE (UN) Joan Anderson